工业会计模拟实验教程

主　编　张　臻
副主编　钟　莉　　蒋琳玲

人民交通出版社

内 容 提 要

本书是综合会计模拟实验教程，适合学生在毕业前或学习完主要会计专业课程后实习用。教材内容来源于企业真实的会计业务，按企业的会计岗位分工设置若干个实验岗位，并将传统的手工操作与电算化相结合，系统、全面地提供了企业会计核算程序和方法的实验内容。第一章是实验目的与要求；第二章介绍实验企业概况；第三、四章介绍实验企业会计基础规范与核算制度；第五章为实验操作内容。本书可作为大学本科、专科、高职层次会计、财务管理、审计、财政、税收等专业学生工业会计操作实验用教材。

图书在版编目(CIP)数据

工业会计模拟实验教程/张臻主编. —北京：人民交通出版社，2008.10

ISBN 978-7-114-07403-5

Ⅰ.工… Ⅱ.张… Ⅲ.工业会计—教材 Ⅳ.F406.72

中国版本图书馆 CIP 数据核字(2008)第 144668 号

Gongye Kuaiji Moni Shiyan Jiaocheng

书　　名：工业会计模拟实验教程
著 作 者：张　臻
责任编辑：岳明胜
出版发行：人民交通出版社
地　　址：(100011) 北京市朝阳区安定门外外馆斜街 3 号
网　　址：http://www.ccpress.com.cn
销售电话：(010)59757973
总 经 销：人民交通出版社发行部
经　　销：各地新华书店
印　　刷：北京鑫正大印刷有限公司
开　　本：787×1092　1/16
印　　张：17
字　　数：396 千
版　　次：2008 年 10 月　第 1 版
印　　次：2015 年 12 月　第 7 次印刷
印　　数：10501—12000 册
书　　号：ISBN 978-7-114-07403-5
定　　价：29.00 元

序

经济越发展，会计越重要。随着经济发展对会计人才的需要呈现出人才多元化、多层次的势态：既需要从事会计理论工作的研究型的人才，也需要从事会计实践工作的应用型人才。相比之下，对应用型会计人才的需要是巨大的。新的社会经济环境对我国会计教育提出了新的目标，应用型会计人才的培养必须与教材建设与之相适应，只有合格的会计教材，才能培养出合格的会计人才，才能推进我国会计教育与时俱进，促进我国企业管理水平的提高。

由广西财经学院会计系教师组织并联合其他兄弟院校共同编写的这套教材，有《会计学原理》、《中级财务会计》、《财务管理》、《审计》、《成本会计》和《电算会计》等。是根据新颁布的企业会计准则和财务通则，并充分借鉴、吸收有关会计理论和实务的最新研究成果。不失为一套具有应用性、实践性和可操作性强的好教材。它主要是以高等学校高职高专经济类学生为对象，旨在培养其专业知识和职业判断能力，而提高学生的职业判断能力无疑是提高会计工作质量的基础，因此，它的出版发行具有很强的现实意义。

这套教材由会计主干课程构成，为了进一步适应应用型会计人才的培养，这套书还包括了相应的实验教程，我们希望给学习者提供一套相对完整的财经类教材。在课程的内容上，我们注重了科学性和前瞻性，结合了当前经济改革的新问题及财务会计制度的新变化，在编写上，尽可能以通俗易懂的语言深入浅出地介绍深奥的专业知识。

纵观这套教材表现如下特点：

1. 突出可操作性和应用性。在介绍基本理论的同时，注重基本业务过程和具体操作方法，结合地方财经院校教学特点，紧紧围绕培养应用型人才目标，强调以应用性学习为主，着重从学生的实际动手能力方面进行知识的介绍和技能的训练，学生通过学习可以很快地掌握知识要领，提高实际应用的能力，从而突出了应用性学习的特点。

2. 内容体系完整、清晰简捷。该套教材独立成册，自成体系，内容全面、完整。每册都以新的准则、制度、基本理论、基本方法、基本技能为依托，理论联系实际，配有大量的案例。并将每章内容以案例导入的形式提出问题，引人入胜。使之更适合高职高专学生的学习。

3. 吸纳最新成果、具有前沿性。教师是知识的直接传导者，在长期从事教学过程中，积累了丰富的教学经验和优秀的本学科研究成果，这些经验和成果极大地优化了教学过程，是提高教学质量的重要保证。本套教材中紧扣教学特点适度融入了教师优秀的、得到公认的研究成果。

4. 按照新准则体现时代性。本教材引用了我国最新的企业会计准则、企业财务通则等相关的法律法规，内容充实、新颖，反映了有关学科的最新动态；新知识体系的构成是一门学科的重要组成部分，知识结构推陈出新是学科发展的一个标志。本套教材结合当前财经发展中的新形势、新问题和新知识，将新知识内容融入教材当中，突出了新时代新知识的特点。

这套教材定位于高等财经教育应用型高职高专的教学。主要作为普通高等财经院校相关课程的选用教材，亦可以作为各层次教育和企业培训教材，也适合广大财经从业人员作为学习参考用书。本套教材各章还有小结，配有复习思考和练习题，以便于教师教学和学生学习。

希望这套教材的出版，能够为会计教育和工作实践，提高学生的职业判断力方面做出应有的贡献。由于编写仓促，加上编写水平所限，书中有不足之处在所难免，恳请广大读者提出宝贵的意见和建议，以日臻完善。

蒙丽珍

2009 年 8 月

前言

会计学作为一门经济管理学科，具有技术性和社会性双重属性，会计学的技术性决定了会计实验在会计教学中的重要地位。为了加强会计实践教学，锻炼学生实际操作技能和综合分析能力，提高会计实践的经验与体会，我们组织编写了《会计模拟实验教程》丛书，本教材为工业会计模拟实验分册。

《工业会计模拟实验教程》具有以下三个特点：其一，体例新、内容全。会计实验内容取材于某机械设备公司的会计实务，提供了一个会计期间较为完整的核算资料，除了供、产、销和成本核算主要经济业务外，还包括筹集资金、投放资金、债务重组、财产清查等业务，所有内容均按照新的企业会计准则编写。其二，核算方法的仿真性强。本教程按企业会计核算岗位的设置要求，设置了"财务经理"、"成本核算会计"、"收入利润核算会计"、"存货核算会计"和"出纳"等相应的模拟实验岗位，要求实验者按照实际的会计操作程序和凭证传递方式，在多个会计岗位的分工协作下，共同完成实验主体一个会计期间的核算工作，有身临其境的感受。其三，将手工会计操作与会计电算化相结合。手工会计操作核算要求实验者完成包括填制原始凭证、编制记账凭证、登记会计账簿、成本核算和编制会计报表、进行财务分析、整理和装订会计资料等内容，旨在全面掌握会计核算程序和方法；会计电算化要求用常用的财务软件，对相同的会计核算业务进行处理，旨在让实验者熟练掌握会计电算化核算方法。

本教程的第一章为实验的目的和要求；第二章至第四章是实验单位的内部会计制度；第五章为实验所需要的业务资料。为了减少本书的篇幅，对于实习中需要使用的记账凭证、日记账、明细账和总账不包括在书中，实习时根据需要另行准备即可。本教程对于会计专业学生，可在毕业前的综合实验中使用。而对于非会计专业的学生，应在学完了《中级财务会计》课程后的实验使用，如果为了降低会计实验的难度，可以不分会计岗位。

本会计模拟实验教程由张臻主编，进行总体设计，钟莉和蒋琳玲设置了主要经济业务，何劲军参与部分经济业务的设置，最后由李家瑗教授修改审定。

本书在编写过程中，得到了潘云标副教授、吴金燕副总裁、甘玉珍财务总监和黎朝霞老师的帮助和指导，在此表示衷心的感谢！

由于我们的水平有限，书中难免有错误和不当之处，敬请读者批评指正。

编　者

2009年8月于南宁

目 录

第一章　实验目的与要求

会计是一门实践性很强的学科，由会计理论到实践操作往往还存在一定的距离，会计模拟实验便是连接会计理论与实践的桥梁，通过会计模拟实验能将会计理论与实践有机地结合起来，为尽快适应会计工作打下良好的基础。

一、实验目的

（1）通过本次会计模拟实验，加深理解和巩固所学会计理论知识，会计模拟实验是会计理论知识的综合运用，也是对所学理论知识的检验，在模拟实验过程中能够发现所学理论知识的不足，从而加深对理论知识的理解；

（2）通过本次会计模拟实验，系统、全面地掌握工业企业会计核算的程序和方法，熟悉现行企业会计准则，提高会计实践操作能力。

二、实验要求

1. 总体要求

（1）以现行的会计法规、会计准则为依据，进行会计事项的处理。

（2）以企业实际发生的经济业务为模拟实验的内容。

（3）以企业财务部门实际使用的证、账、表为模拟实验用品。

（4）按照标准规范的格式进行文字、数字的书写。

（5）严格按实验程序进行操作。

（6）做好会计档案的装订和保管工作。

2. 具体要求

本次实验要求先用传统的手工方法进行会计处理，然后用财务软件进行会计核算。

（1）传统手工方法做账：

①熟悉资料。学习实验教程的内容，熟悉实验企业概况、会计政策及内部会计核算方法。

②建账。根据实验教程提供的期初余额和本年度累计发生额建账。

③编制记账凭证。根据教程的业务提示，取得或填制原始凭证，根据审核无误的原始凭证编制记账凭证。

④登记日记账和明细账。根据收款记账凭证或付款记账凭证逐笔登记现金日记账、银行存款日记账；根据记账凭证登记各明细分类账。

⑤编制科目汇总表。根据每一旬的记账凭证于旬末编制科目汇总表。

⑥登记总账。采用分旬登记总账的方法，根据科目汇总表登记总分类账。

⑦成本计算。采用综合逐步结转分步法计算产品生产成本。

⑧期末结账、对账。期末对各账计算本期发生额和余额，并进行账证核对、账账核对和账

实核对。

⑨编制会计报表。根据账簿资料编制资产负债表、利润表和现金流量表。

⑩进行报表分析。根据报表资料分别计算出有关偿债能力、盈利能力、营运能力和发展能力的相关指标，并写出相关的文字分析报告材料。

⑪整理、装订会计资料。按要求对凭证、账簿、报表进行整理和装订。

⑫编写实验报告。

(2)电算化软件做账：

①账套的建立及权限设置。为单位建立一个账套、设置账套参数、设置操作员和操作员权限。

②总账系统初始化。内容包括：部门档案设置、职员档案设置、结算方式设置、开户银行设置、客户分类设置、供应商分类设置、客户档案设置、供应商档案设置、项目档案设置、凭证类别设置、会计科目设置、期初余额录入。

③会计凭证处理。包括会计凭证的填制、自动转账凭证的定义、自动转账凭证的生成、凭证审核、出纳签字、凭证查询。

④银行对账。输入银行对账期初数据、录入银行对账单、自动银行对账、手工银行对账。

⑤会计账簿处理。记账、结账、账簿查询。

⑥会计报表格式定义。自定义会计报表格式、套用会计报表格式模板。

⑦会计报表生成。输入会计报表的关键字、生成各种会计报表。

第二章　实验企业概况

一、基本概况

企业名称：宏远机械设备公司

地　　址：南宁市科园路 618 号

法人代表：李明阳

注册资金：叁仟伍佰万元

其中 60％由广西桂海公司投入

40％由南宁南通设备公司投入

企业类型：有限责任公司

经营范围：生产、销售宏远 1 号多功能拖拉机、宏远 2 号农用拖拉机。

纳税人登记号：450168887540682

开户银行及账号：

基本存款户：工商银行南宁科园支行　　　　账号：9356789456

一般存款户：交通银行南宁高新支行　　　　账号：6342896543

证券公司资金户：宏海证券公司　　　　　　账号：480511008660

财务机构：由 5 人组成，包括财务经理、成本核算会计、收入利润核算会计、存货核算会计和出纳。

二、生产工艺流程

宏远机械设备公司于 1995 年成立，主要生产农用拖拉机等农用机械。公司位于南宁科技园区，共有三个基本生产车间，分别为铸造车间、加工车间和装配车间，一个辅助生产车间——机修车间。该企业主要产品的生产工艺流程如图 2-1 所示：首先由铸造车间根据生产计划浇铸各种铸铁件和铸铝件，经验收合格后，送交加工车间，加工车间从材料仓库领用所需辅助材料，经车、钳、铣、刨、焊、磨等工序，加工成各种不同的零部件，经检验合格后送交装配车间，装

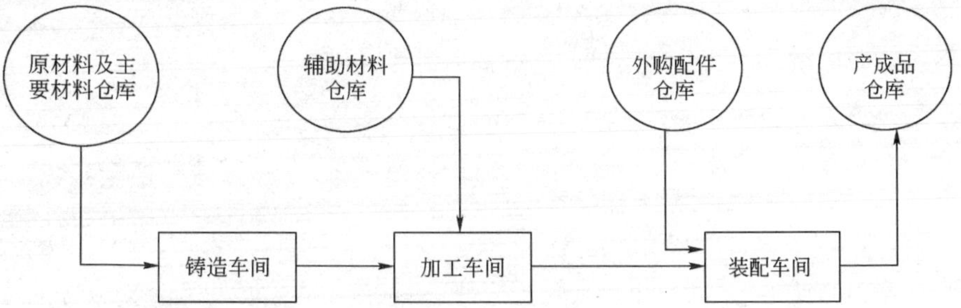

图 2-1　生产工艺流程图

配车间再从外购配件仓库领出各种外购配件组装成不同型号的拖拉机，经检验合格后送交产成品仓库。

三、会计机构内部岗位分工

该财务部共有五名会计人员，分工如下：

1. 财务部经理

负责财务部的全面工作，制订财务计划，进行财务分析，审批各种款项的支出，对会计所编制的记账凭证进行复核，负责每一旬记账凭证的汇总，并登记总分类账。

2. 成本核算会计

负责处理各成本费用发生、分配及成本结转等业务，同时兼管固定资产核算业务。根据相关经济业务取得或填制原始凭证、编制记账凭证、登记成本、费用账户的明细分类账，编制产品成本计算单等。

3. 销售及利润核算会计

负责处理收入、计算税金、结转损益，利润分配、往来款项、投资等业务。根据相关经济业务取得或填制原始凭证、编制记账凭证、登记有关收入、成本、利润及利润分配、应收应付、应交税费等明细分类账。

4. 存货核算会计

负责处理原材料、库存商品的收发业务，填制原材料、库存商品的入库单、出库单，计算材料成本差异，编制原材料、库存商品收发的记账凭证，登记有关存货的明细账。

5. 出纳

办理各种款项的收入、支出及转账结算。根据相关经济业务取得或填制各种货币结算必需的原始凭证，并登记现金和银行存款日记账；负责办理银行的转账业务。

第三章　会计凭证和会计账簿的基础规范

一、会计凭证

1. 原始凭证

(1)原始凭证的内容。由于经济业务的千差万别,原始凭证也复杂多样,在会计实务中,无论哪一种原始凭证,都应具备以下基本内容:

①凭证的名称;

②填制凭证的日期;

③填制凭证单位名称或者填制人姓名;

④经办人员的签名或者盖章;

⑤接受凭证单位名称;

⑥经济业务内容、数量、单价和金额。

(2)从外单位取得的原始凭证,必须盖有填制单位的公章;从个人取得的原始凭证,必须有填制人员的签名或者盖章。

(3)自制原始凭证必须有经办单位领导人或者其指定的人员签名或者盖章。对外开出的原始凭证,必须加盖本单位公章。

(4)凡填有大写和小写金额的原始凭证,大写与小写金额必须相符。购买实物的原始凭证,必须有验收证明。支付款项的原始凭证,必须有收款单位和收款人的收款证明。

(5)一式几联的原始凭证,应当注明各联的用途,只能以一联作为报销凭证。

(6)原始凭证不得涂改、挖补。发现原始凭证有错误的,应当由开出单位重开或者更正,更正处应当加盖开出单位的公章。

(7)多联的原始凭证必须用双面复写纸复写,并连续编号,因填写错误或其他原因而作废的,应加盖"作废"戳记整联保存,不得缺联。

(8)发生销货退回的,除填制退货发票外,还必须有退货验收证明;退款时,必须取得对方的收款收据或者汇款银行的凭证,不得以退货发票代替收据。

(9)职工因公借款,必须填写正式的借据,作为附件须附在记账凭证之后。收回借款时,应当另开收据或者退还借据副本,不得退还原借款收据。

(10)经上级有关部门批准的经济业务,应当将批准文件作为原始凭证附件;如果批准文件需要单独归档的,应当在凭证上注明批准机关名称、日期和文件字号。

2. 记账凭证

(1)记账凭证的内容。记账凭证必须具备以下内容:

①填制凭证的日期。

②凭证编号,记账凭证的编号应当连续,一笔经济业务需要填制两张以上记账凭证的,可

以采用分数编号法编号，如第八号记账凭证需编两张。则第一张的编号为 8(1/2)、第二张的编号为 8(2/2)。

③经济业务摘要，填写经济业务的简要内容，应简明扼要。

④会计科目，应填写会计科目全称。

⑤金额，记账凭证的金额必须与原始凭证相符，填入每个科目的金额后，要在记账凭证的合计栏填写合计金额，并在合计数前面填写货币符号“¥”，不是合计数，则不填写货币符号。

⑥所附原始凭证张数。记账凭证一般应附有原始凭证，并注明其张数，附件张数应用阿拉伯数字填写。

⑦填制凭证人员、稽核人员、记账人员、会计机构负责人、会计主管人员签名或者盖章。

⑧收款和付款记账凭证还应当由出纳人员签名或者盖章。

(2)记账凭证的填写要求。填制会计凭证，字迹必须清晰、工整。

①阿拉伯数字应当一个一个地写，不得连笔写。阿拉伯数字金额前面应当书写货币币种符号或者货币名称简写。币种符号与阿拉伯金额数字之间不得留有空白。凡阿拉伯数字前写有币种符号的，数字后面不再写货币单位。

②所有以元为单位的阿拉伯数字，除表示单价等情况外，一律填写到角分；无角无分的，角位和分位应当写“00”，不得用符号“——”代替。

③汉字大写数字金额如零、壹、贰、叁、肆、伍、陆、柒、捌、玖、拾、佰、仟、万、亿等，一律用正楷或者行书体书写，不得用 0、一、二、三、四、五、六、七、八、九、十等简化字代替，不得任意自造简化字。大写金额数字到元或者角为止的，在“元”或者“角”字之后应当写“整”字或者“正”字；大写金额数字有分的，分字后面不写“整”或者“正”字。

④大写金额数字前未印有货币名称的，应当加填货币名称，货币名称与数字金额之间不得留有空白。

⑤阿拉伯金额数字中间有“0”时，汉字大写金额要写“零”字；阿拉伯数字金额中间连续有几个“0”时，汉字大写金额中可以只写一个“零”字；阿拉伯数字金额元位是“0”，或者数字中间连续有几个“0”、元位也是“0”，但角位不是“0”时，汉字大写金额可以只写一个“零”字，也可以不写“零”字。如¥1500.86，汉字大写金额应写成：人民币壹仟伍佰元零捌角陆分，或人民币壹仟伍佰元捌角陆分。

⑥如果在填制记账凭证时发生错误，应当重新填制。已经登记入账的记账凭证，在当年内发现填写错误时，可以用红字填写一张与原内容相同的记账凭证，在摘要栏注明“注销某月某日某号凭证”字样，同时再用蓝字重新填制一张正确的记账凭证，注明“订正某月某日某号凭证”字样。如果会计科目没有错误，只是金额错误，也可以将正确数字与错误数字之间的差额，另编一张调整的记账凭证，调增金额用蓝字，调减金额用红字。

⑦记账凭证填制完经济业务事项后，如有空行，应当自金额栏最后一笔金额数字下的空行处至合计数上的空行处划线注销。

(3)会计凭证的装订和保管。

①会计凭证应当及时传递，不得积压。

②会计凭证登记完毕后，应当按照分类和编号顺序保管，不得散乱丢失。

③记账凭证应当连同所附的原始凭证或者原始凭证汇总表，按照编号顺序，折叠整齐，按

期装订成册，并加具封面，注明单位名称、年度、月份和起讫日期、凭证种类、起讫号码，由装订人在装订线封签外签名或者盖章。

④对于数量过多的原始凭证，可以单独装订保管，在封面上注明记账凭证日期、编号、种类，同时在记账凭证上注明"附件另订"和原始凭证名称及编号。

⑤各种经济合同、存出保证金收据以及涉外文件等重要原始凭证，应当另编目录，单独登记保管，并在有关的记账凭证和原始凭证上相互注明日期和编号。

二、会计账簿

1. 启用账簿的要求

启用账簿时，要填写账簿启用表，填写要求如下：

(1)填写启用日期。

(2)填写账簿的起止页数，启用订本式账簿，应当从第一页到最后一页顺序编定页数，不得跳页、缺号。使用活页式账页，应当按账户顺序编号，并须定期装订成册。装订后再按实际使用的账页顺序编定页码。

(3)记账人员和会计机构负责人、会计主管人员姓名，并加盖名章和单位公章。

(4)会计主管人员调动工作时，应当注明交接日期、接办人员或者监交人员姓名，并由交接双方人员签名或者盖章。

2. 登记账簿的要求

会计人员应当根据审核无误的会计凭证登记会计账簿，做到数字准确、摘要清楚、登记及时、字迹工整。

(1)登记会计账簿时，应当将会计凭证日期、编号、业务内容摘要、金额和其他有关资料逐项记入账内。

(2)登记完毕后，要在记账凭证上签名或者盖章，并注明已经登账的符号，表示已经记账。

(3)账簿中书写的文字和数字上面要留有适当空格，不要写满格；一般应占格距的二分之一。阿拉伯数字书写要规范，例如"1"字要倾斜45°，"7"和"9"的上端要低于其他数字，下端要超出横线，上下各占空高度的1/4。

(4)登记账簿要用蓝黑墨水或者碳素墨水书写，不得使用圆珠笔(银行的复写账簿除外)或者铅笔书写。用红色墨水记账，仅限于以下三种情况：

①按照红字冲账的记账凭证，冲销错误记录；

②在不设借贷等栏的多栏式账页中，登记减少数，如生产成本、管理费用账页登记转出或减少数；

③在三栏式账户的余额栏前，如未印明余额方向的，在余额栏内登记负数余额。

(5)各种账簿按页次顺序连续登记，不得跳行、隔页。如果发生跳行、隔页，应当将空行、空页划线注销，或者注明"此行空白"、"此页空白"字样，并由记账人员签名或者盖章。

(6)凡需要结出余额的账户，结出余额后。应当在"借或贷"等栏内写明"借"或者"贷"等字样。没有余额的账户，应当在"借或贷"等栏内写"平"字，并在余额栏内用"Q"表示。

(7)每一账页登记完毕结转下页时，应当结出本页合计数及余额，写在本页最后一行和下页第一行有关栏内，并在摘要栏内注明“过次页”和“承前页”字样。

对需要结计本月发生额的账户，结计“过次页”的本页合计数应当为自本月初起至本页末止的发生额合计数；对需要结计本年累计发生额的账户，结计“过次页”的本页合计数应当为自年初起至本页末止的累计数；对既不需要结计本月发生额也不需要结计本年累计发生额的账户，可以只将每页末的余额结转次页。

(8)账簿记录发生错误，不准涂改、挖补、刮擦或者用药水消除字迹，不准重新抄写，必须按照下列方法进行更正：

①登记账簿时发生错误，应当将错误的文字或者数字划红线注销，但必须使原有字迹仍可辨认。然后在划线上方填写正确的文字或者数字，并由记账人员在更正处盖章；对于错误的数字，应当全部划红线更正，不得只更正其中的错误数字。对于文字错误，可只划去错误的部分。

②由于记账凭证错误而使账簿记录发生错误，应当按更正的记账凭证登记账簿。

3. 结账

单位应当按照规定定期结账。

(1)结账前，必须将本期内所发生的各项经济业务全部登记入账。

(2)结账时，应当结出每个账户的期末余额。需要结出当月发生额的，应当在摘要栏内注明“本月合计”字样，并在下面通栏划单红线。需要结出本年累计发生额的，应当在摘要栏内注明“本年累计”字样，并在下面通栏划单红线；12月末的“本年累计”就是全年累计发生额。全年累计发生额下面应当通栏划双红线。年度终了结账时，所有总账账户都应当结出全年发生额和年末余额。

(3)年度终了，要把各账户的余额结转到下一会计年度，并在摘要栏注明“结转下年”字样；在下一会计年度新建有关会计账簿的第一行余额栏内填写上年结转的余额，并在摘要栏注明“上年结转”字样。

三、会计工作交接

会计人员在调动工作或离职时必须办理会计工作交接，在临时离职或其他原因暂时不能工作时，也应办理会计工作交接。接替人员应当认真接管移交工作，并继续办理移交的未了事项。

(1)交接前的准备工作。会计人员在办理会计工作交接前，必须做好以下准备工作：

①已经受理的经济业务尚未填制会计凭证的应当填制完毕。

②尚未登记的账目应当登记完毕，结出余额，并在最后一笔余额后加盖经办人印章。

③整理好应该移交的各项资料，对未了事项和遗留问题要写出书面说明材料。

④编制移交清册，列明应该移交的会计凭证、会计账簿、财务会计报告、公章、现金、有价证券、支票簿、发票、文件、其他会计资料和物品等内容；实行会计电算化的单位，从事该项工作的移交人员应在移交清册上列明会计软件及密码、会计软件数据盘等内容。

(2)移交点收。移交人员离职前，必须将本人经管的会计工作，在规定的期限内，全部向接管人员移交清楚。接管人员应认真按照移交清册逐项点收。

具体要求是：

①现金要根据会计账簿记录余额进行当面点交，不得短缺，接替人员发现不一致或“白条

抵库”现象时，移交人员在规定期限内负责查清处理。

②有价证券的数量要与会计账簿记录一致，有价证券面额与发行价不一致时，按照会计账簿余额交接。

③会计凭证、会计账簿、财务会计报告和其他会计资料必须完整无缺，不得遗漏。如有短缺，必须查清原因，并在移交清册中加以说明，由移交人负责。

④银行存款账户余额要与银行对账单核对相符，如有未达账项，应编制银行存款余额调节表调节相符。

⑤各种财产物资和债权债务的明细账户余额，要与总账有关账户的余额核对相符；对重要实物要实地盘点，对余额较大的往来账户要与往来单位、个人核对。

⑥公章、收据、空白支票、发票、科目印章以及其他物品等必须交接清楚。

⑦实行会计电算化的单位，交接双方应在电子计算机上对有关数据进行实际操作，确认有关数字正确无误后，方可交接。

(3)监交。为了明确责任，会计人员办理工作交接时，必须有专人负责监交。通过监交，保证双方都按照国家有关规定认真办理交接手续，防止流于形式，保证会计工作不因人员变动而受影响；保证交接双方处在平等的法律地位上享有权利和承担义务，移交清册应当经过监交人员审查和签名、盖章，作为交接双方明确责任的证件。

(4)交接后的有关事宜。

①会计工作交接完毕后，交接双方和监交人在移交清册上签名或盖章，并应在移交清册上注明：单位名称，交接日期，交接双方和监交人的职务、姓名，移交清册页数以及需要说明的问题和意见等。

②接管人员应继续使用移交前的账簿，不得擅自另立账簿，以保证会计记录前后衔接，内容完整。

③移交清册一般应填制一式三份，交接双方各执一份，存档一份。

第四章　公司会计核算制度和核算方法

一、流动资产

(1)公司库存现金限额为 5 000 元。

(2)银行存款按不同的开户行和账号开设日记账,以便与银行对账。

(3)年末采用应收账款余额百分比法计提坏账准备,计提比例为 0.5%。

(4)存货的核算:

①材料类存货采用计划成本核算法。原材料、周转材料按计划成本进行日常核算。

②周转材料摊销按重要程度分别采用一次摊销法或五五摊销法。领用周转材料,凡计划单位成本在 500 元以下的,用一次摊销法摊销其成本,计划单位成本 500 元以上(含 500 元)的用五五摊销法,同时分摊材料成本差异。

③库存商品按实际成本核算,发出库存商品成本按全月一次加权平均法计算。

④存货明细分类账设置:材料采购、原材料、材料成本差异按材料类别进行明细核算;其中原材料分为:生铁、钢材、外购配件和其他材料四类,产成品按产品品种进行明细核算。

⑤业务程序。材料采购业务由厂供销科根据计划进行,材料收发业务由存货核算会计填制收料单、领料单,并登记存货明细账。

每一旬由存货核算会计根据收料单和采购凭证,编制“收料凭证汇总表”,并以此为依据,编制结转入库材料计划成本及材料成本差异的记账凭证。登记原材料和材料成本差异明细账;根据领料单编制“发料凭证汇总表”,并以此为依据编制发料的记账凭证,登记原材料明细账,月末计算发出材料应负担的成本差异。

⑥年末对存货进行清查,根据盘点结果编制存货盘盈盘亏报告单,报分管副厂长审批后处理。

⑦材料核算流程如图 4-1 所示。

二、固定资产

(1)固定资产增加必须填制固定资产卡片,并办理有关手续。

(2)固定资产折旧采用年限平均法分类计提。

(3)固定资产的修理费用,直接记入当期损益。

(4)每年年末对固定资产进行清查,根据盘点结果编制固定资产盘盈盘亏报告单,报分管副厂长审批后处理。

(5)固定资产清理应由设备科提出,经技术部门鉴定后,报分管副厂长审批后处理。

三、无形资产

采用直线法摊销,每月摊销一次。

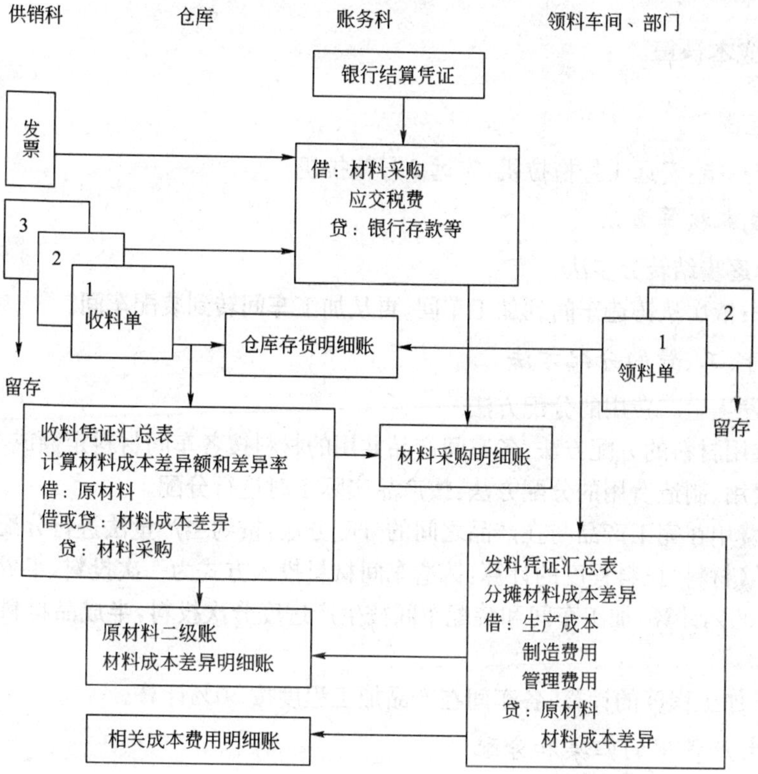

图 4-1　材料核算流程图

四、应付职工薪酬

1. 工资分配核算原则

本公司按收付实现制的原则进行工资分配，既当月发放的工资额为当月的工资费用分配额。计算各产品负担的工资费用。

2. 工资分配标准

按产品的定额工时比例进行工资分配。

3. 工资费用的有关社会保险、基金的计提比例（见下表）

项　目	计提基数	计提比例	
职工养老保险	应付工资	20%	
职工医疗保险	同上	6%	
失业保险	同上	2%	
工伤保险	同上	1%	
工会经费	同上	2%	
职工教育经费	同上	1.5%	
住房公积金	同上	10%	

五、产品成本计算

1. 产品范围

本厂的产品指：宏远1号拖拉机、宏远2号拖拉机。

2. 产品成本核算方法

采用综合逐步结转分步法。

结转程序：依次从铸造车间到加工车间，再从加工车间转到装配车间。

3. 产品料、工、费的分配方法

(1)本期发生生产费用的分配方法。

①产品共用材料的分配方法：各车间产品共用的材料按各车间材料定额成本进行分配。

②工资费用、制造费用的分配方法：按产品实际工时进行分配。

(2)生产费用在完工产品与在产品之间的分配方法：按约当产量法进行分配。

①半成品(材料)投料程度的计算：铸造车间材料投入方式为一次投料，半成品材料费用的约当产量按100%计算；加工车间和装配车间按生产进度分次投料，半成品材料费用的约当产量按50%计算。

②半成品加工程度的计算：各车间在产品加工程度按50%计算。

4. 辅助生产费用的归集和分配

(1)辅助生产范围。本厂的机修机车间为辅助生产车间，该车间发生的全部费用直接记入“生产成本—辅助生产成本”账户。

(2)辅助生产费用的分配方法及分配标准。辅助生产费用采用直接分配法，按各基本生产车间、行政管理部门实际耗用修理工时的比例分配。

5. 成本费用核算流程图(见图4-2)

六、收入的确认及核算方法

1. 收入类型

(1)主营业务收入：指销售产品的收入；

(2)其他业务收入：指对外加工收入、材料转让收入、出租固定资产收入等。

2. 收入核算流程图(见图4-3)

七、税金及教育费附加的核算

1. 增值税

本企业为一般纳税人，增值税税率为13%。购买材料所支付的运费，凭运费发票，按7%的比率计算增值税。

2. 应交城市维护建设税和教育费附加

应交城建税=(当月应交增值税+应交营业税+应交消费税)×7%。

应交教育费附加＝(当月应交增值税＋应交营业税＋应交消费税)×3％。

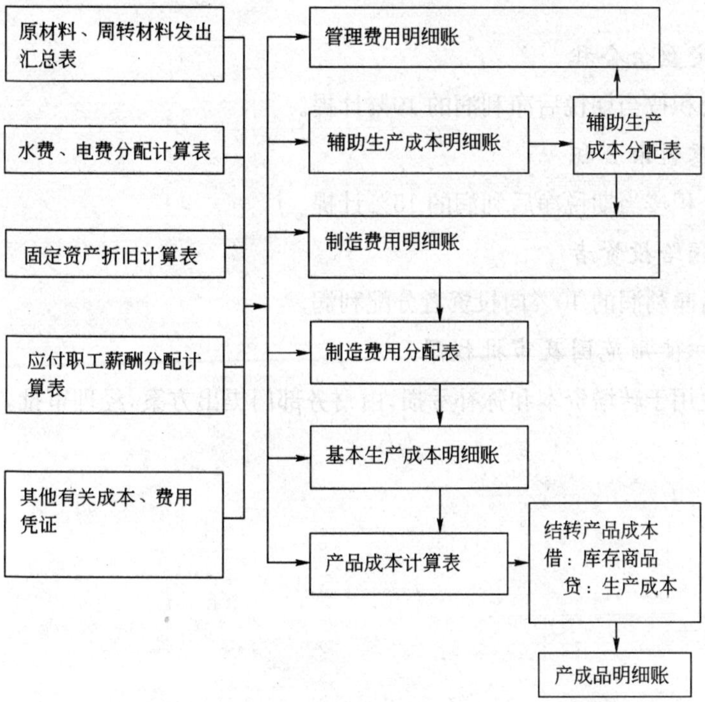

图 4-2 成本费用核算流程图

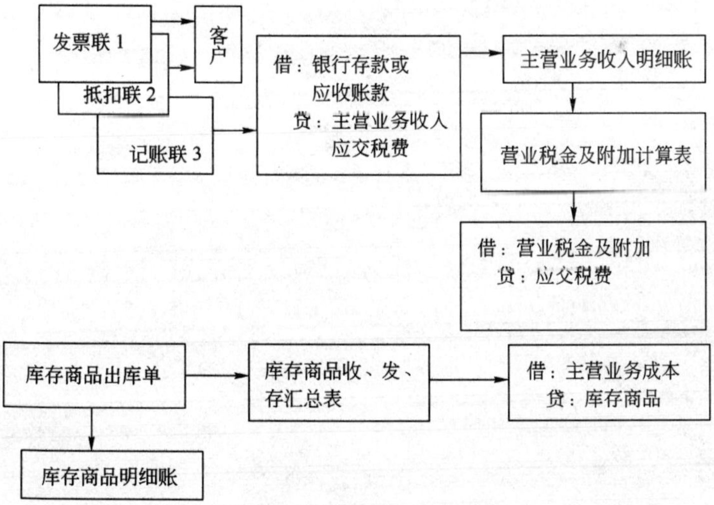

图 4-3 收入核算流程图

3. 所得税的计算

采用资产负债表债务法，税率为 25％。

4. 个人所得税

根据职工每月工资所得，按 9 级超额累进税率代扣代缴。

八、利润分配

1. 提取法定盈余公积

法定盈余公积按当期税后净利润的10%计提。

2. 提取任意盈余公积

任意盈余公积按当期税净后利润的15%计提。

3. 分配利润给投资者

按当期税后净利润的40%向投资者分配利润。

4. 盈余公积使用范围及审批权限

盈余公积使用于转增资本和弥补亏损，由财务部门提出方案，经理审批。

第五章 实验操作

一、会计核算基础资料

(一)账户期初余额及成本核算相关资料

1.2007年12月总账及相关明细账期初余额

总账科目	明细科目	借方金额	贷方金额	备注
库存现金		1 460.83		
银行存款		1 162 401.20		
	工商银行 9356789356	685 611.60		基本存款户
	交通银行 6342896543	476 789.60		一般存款户
其他货币资金	存出投资款	156 305.60		
交易性金融资产	海天公司股票(4 000股,每股65元)	260 000.00		
持有至到期投资		75 939.45		2007年7月1日购入海天公司当日发行的3年期债券,面值80 000元,票面利率8%,实际利率10%,每半年付息一次。
	海天公司(成本)	80 000.00		
	海天公司(利息调整)		4 060.55	
应收票据	湖南湘海农机设备公司	180 800.00		11月20日收到,2008年2月20日到期的不带息票据。
应收账款		3 525 190.00		
	广西钦州物资公司	485 600.00		
	湖北湖州农机公司	238 000.00		
	南宁市沙田农场	41 800.00		
	广西桂中农机公司	156 000.00		
	广西北海农机公司	260 000.00		
	湖南中南农机公司	625 623.00		
	广西翔云农机公司	803 580.00		
	南宁长远物资公司	258 301.00		
	广西立远农机公司	656 286.00		
其他应收款		10 601.90		
	刘媚	2 500.00		

续上表

总账科目	明细科目	借方金额	贷方金额	备注
	职工宿舍水电费	3 161.00		
	职工医药费	4 940.90		
坏账准备			4 826.00	
材料采购	外购配件(轮胎)	105 000.00		
原材料		1 021 517.20		
	钢材	86 940.00		
	生铁	32 400.00		
	外购配件	784 737.20		
	其他材料	117 440.00		
周转材料		42 811.00		
	在库周转材料	25 870.00		
	在用周转材料	33 882.00		
	周转材料摊销		16 941.00	
材料成本差异		16 524.90		
	钢材		827.00	
	生铁		795.80	
	外购配件	14 877.00		
	其他材料	2 333.80		
	周转材料	936.90		
生产成本		115 271.70		
	铸造车间	6 538.70		
	加工车间	31 541.90		
	装配车间	77 191.10		
库存商品		3 165 096.00		
	宏远 1 号拖拉机(560 台)	2 288 440.00		560 台,单位成本 4 086.50
	宏远 2 号拖拉机(340 台)	876 656.00		340 台,单位成本 2 578.40
固定资产		8 8750 000.00		
	房屋建筑物	6 1600 000.00		
	机器设备	2 2530 000.00		
	电子设备	3950 000.00		
	运输设备	670 000.00		
累计折旧			2 2134 435.00	
固定资产减值准备			12 560.00	
在建工程	加工车间改造工程	500 000.00		
工程物资	水泥	350 000.00		1 000 吨
无形资产	财务软件	540 000.00		该软件预计使用 10 年,按直线法摊销,按月分摊,无残值,已使用 3 年。

续上表

总账科目	明细科目	借方金额	贷方金额	备注
累计摊销	财务软件		162 000.00	
递延所得税资产		86 830.00		
短期借款	流动资金借款		2 500 000.00	
应付票据			450 000.00	
	商业汇票(武汉江有色金属公司)		450 000.00	
应付账款			2 604 000.00	
	桂林立远五金公司		156 000.00	
	柳州钢铁公司		640 000.00	
	湖南乐山钢铁厂		530 000.00	
	山东威海机电公司		202 000.00	
	湖北湖州机电公司		238 000.00	
	南宁易通贸易公司		460 000.00	
	广西蓝海五金公司		378 000.00	
应付职工薪酬			72 966.78	
	职工福利		33 946.00	
	社会保险费			
	住房公积金			
	职工教育经费		36 479.50	
	工会经费		2 541.28	
应交税费			50 863.00	
	所得税		21 400.00	
	未交增值税		26 785.00	
	应交城建税		1 875.00	
	应交教育费附加		803.00	
预计负债	产品质量保证		16 200.00	
递延所得税负债			65 430.00	
长期借款			32 260 000.00	
实收资本			35 400 000.00	
	广西桂海公司		21 240 000.00	
	南宁南通设备公司		14 160 000.00	
资本公积			686 373.00	
盈余公积			1 230 000.00	
本年利润			1 802 055.48	
利润分配	未分配利润		614 040.52	
合计		100 065 749.78	100 065 749.78	

2. 2007年12月"生产成本—基本生产成本"明细账期初余额

生产部门	产品名称	成本项目					合计
		半成品	直接材料	工资费	动力费	制造费用	
铸造车间	宏远1号拖拉机		2 260.70	280.00	138.90	102.60	2 782.20
	宏远2号拖拉机		3 020.40	360.00	225.30	150.80	3 756.50
	小计		5 281.10	640.00	364.20	253.40	6 538.70
加工车间	宏远1号拖拉机	6 304.50	11 988.70	860.00	320.00	450.00	19 923.20
	宏远2号拖拉机	3 693.90	7 128.80	406.00	186.00	204.00	11 618.70
	小计	9 998.40	19 117.50	1 266.00	506.00	654.00	31 541.90
装配车间	宏远1号拖拉机	22 074.80	15 886.00	2 626.30	425.20	933.70	41 946.00
	宏远2号拖拉机	19 030.60	13 569.10	1 572.80	368.20	704.40	35 245.10
	小计	41 105.40	29 455.10	4 199.10	793.40	1 638.10	77 191.10
合计		51 103.80	53 853.70	6 105.10	1 663.60	2 545.50	115 271.70

3. 2007年12月原材料明细账期初余额

材料类别	品名、规格、型号	单位	计划单价	数量	成本
钢材	元钢	吨	5 000	6.5	32 500.00
	角钢	吨	2 800	2.3	6 440.00
	钢板	吨	3 200	15	48 000.00
	钢圈	吨	5 000		
	小计				86 940.00
生铁		吨	1 800	18	32 400.00
外购配件	轮胎	套	200	550	110 000.00
	HY206轴承	套	5.60	8 750	49 000.00
	HY308轴承	套	6.20	5 686	35 253.20
	CL206齿轮	套	13	4 680	60 840.00
	CL302齿轮	套	20	5 236	104 720.00
	CL306齿轮	套	24	2 456	58 944.00
	LT115链条	套	11	200	2 200.00
	LT216链条	套	29	320	9 280.00
	GNA柴油机	台	950	200	190 000.00
	GNC柴油机	台	1 600	80	128 000.00
	HE车灯	只	7	1 500	10 500.00
	HD车灯	只	26	1 000	26 000.00
	小计				784 737.20

续上表

材料类别	品名、规格、型号	单位	计划单价	数量	成本
其他材料	螺丝螺帽	箱	136	800	108 800.00
	油漆	公斤	12	250	3 000.00
	油漆底料	公斤	4	610	2 440.00
	电焊条	公斤	5.20	500	2 600.00
	废铁	公斤	0.30	2 000	600.00
	小计				117 440.00
合计					1 021 517.20

4.2007 年 12 月周转材料明细账期初余额

材料类别	品名、规格、型号	单位	计划单价	数量	成本
低值易耗品	蓄电池	台	530	10	5 300.00
	刨刀	把	50	15	750.00
	安全钳	把	12	35	420.00
	扳手	把	15	20	300.00
	钻头	把	25	20	500.00
	砂轮	个	80	30	2 400.00
	工作服	套	120	50	6 000.00
	工作鞋	双	80	60	4 800.00
	液压扭矩扳手	套	500	6	3 000.00
	液压千斤顶	套	800	3	2 400.00
小计					25 870.00

5.2007 年 12 月周转材料发料凭证汇总表

部门 / 数量 / 名称	领用数量					
	单位	铸造车间	加工车间	装配车间	机修车间	厂部
蓄电池	台	5	3	3	2	1
刨刀	把	3	5	2	1	
安全钳	把	10	8	6	3	2
扳手	把	10	8	6	3	2
砂轮	个	6	4	2	1	

续上表

部门 数量 名称	领用数量					
	单位	铸造车间	加工车间	装配车间	机修车间	厂部
钻头	把	8	10	6	2	
工作服	套	10	10	5	2	
工作鞋	双	10	10	5	2	
液压扭矩扳手	套	3	2	2	1	
液压千斤顶	套	3	2	2	1	1

6.2007年12月产品生产工时统计表

产品名称	铸造车间	机工车间	装配车间	合计
宏远1号	1 050	840	882	2 772
宏远2号	2 340	1 560	2 106	6 006
合计	3 390	2 400	2 988	8 778

7.2007年12月各部门用电情况统计表

用电部门	照明电度	照明电与动力电价比率	照明电折合动力电度	动力电度	合计用电度数
铸造车间	842	1.2	1 010.40	17 534	
加工车间	538	1.2	645.60	6 860	
装配车间	687	1.2	824.40	6 236	
机修车间	200	1.2	240.00	2 836	
管理部门	4 563	1.2	5 475.60		
	6 830		8 196.00	33 466	

8.2007年产品材料成本单位定额表

产品名称	铸造车间产品材料成本定额系数	加工车间产品材料定额系数	装配车间产品材料成本定额系数
宏远1号	1.22	1.18	1.10
宏远2号	1.00	1.00	1.00

9.2007年12月机修车间工时统计表

部门	修理工时	分配率	分配金额
铸造车间	759		
加工车间	456		

续上表

部门	修理工时	分配率	分配金额
装配车间	875		
管理部门	120		
合计	2 210		

10.2007 年 12 月产品生产产量统计表

产品名称:宏远 1 号拖拉机　　　　计量单位:台

生产车间	月初在产品	本月投入	本月完工	月末在产品
铸造车间	10	400	400	10
加工车间	20	400	390	30
装配车间	30	390	400	20

2007 年 12 月产品生产产量统计表

产品名称:宏远 2 号拖拉机　　　　计量单位:台

生产车间	月初在产品	本月投入	本月完工	月末在产品
铸造车间	10	790	780	20
加工车间	20	780	790	10
装配车间	40	790	800	30

(二)上期会计报表

1. 资产负债表

资产负债表

会企 01 表

编制单位:宏远机械设备公司　　2007 年 11 月 30 日　　单位:元

资产	期末余额	年初余额	负债和所有者权益（或股东权益）	期末余额	年初余额
流动资产:			流动负债:		
货币资金	1 320 167.80	1 156 786.50	短期借款	2 500 000.00	2 200 000.00
交易性金融资产	260 000.00	520 000.00	交易性金融负债		
应收票据	180 800.00	265 000.00	应付票据	450 000.00	1 245 600.00
应收账款	3 520 364.00	3 835 260.00	应付账款	2 604 000.00	2 934 611.40
预付款项			预收款项		
应收利息			应付职工薪酬	72 966.78	85 637.00
应收股利			应交税费	50 863.00	156 800.00

续上表

资　产	期末余额	年初余额	负债和所有者权益（或股东权益）	期末余额	年初余额
其他应收款	10 601.90	20 360.00	应付利息		
存货	4 466 220.80	4 230 785.60	应付股利		
一年内到期的非流动资产			其他应付款		16 870.00
其他流动资产			一年内到期的非流动负债		
流动资产合计	9 758 154.33	10 028 192.1	其他流动负债	16 200.00	18 260.00
非流动资产：			流动负债合计	5 694 029.78	6 657 778.40
可供出售金融资产			非流动负债：		
持有至到期投资	75 939.45		长期借款	32 260 000.00	3 3500 000.00
长期应收款			应付债券		
长期股权投资			长期应付款		
投资性房地产			专项应付款		
固定资产	66 603 005.00	68 632 500.00	预计负债		
在建工程	500 000.00		递延所得税负债	65 430.00	
工程物资	350 000.00		其他非流动负债		
固定资产清理			非流动负债合计	32 325 430.00	33 500 000.00
生产性生物资产			负债合计		
油气资产			所有者权益（或股东权益）:		
无形资产	378 000.00	427 500.00	实收资本（或股本）	35 400 000.00	35 400 000.00
开发支出			资本公积	686 373.00	686 373.00
商誉			减:库存股		
长期待摊费用			盈余公积	1 230 000.00	2 230 000.00
递延所得税资产	86 830.00		未分配利润	2 416 096.00	614 040.70
其他非流动资产			所有者权益（或股东权益）合计	39 732 469.00	38 930 413.70
非流动资产合计	67 993 774.45	69 060 000			
资产总计	77 751 928.78	79 088 192.10	负债和所有者权益（或股东权益）总计	77 751 928.78	79 088 192.10

2.利润表

利 润 表

会企 02 表

编制单位:宏远机械设备公司　　2007 年 11 月　　单位:元

项　　目	本 期 金 额	本年累计数
一、营业收入	4 016 250.00	44 887 500.00
减:营业成本	3 408 672.70	38 196 930.40
营业税金及附加	10 997.63	122 914.71
销售费用	69147.50	1 272 825.00
管理费用	122 188.44	1 524 486.96
财务费用	97 248.26	1 086 892.15
资产减值损失		
加:公允价值变动收益(损失以"—"号填列)		
投资收益(损失以"—"号填列)		29 478.22
其中:对联营企业和合营企业的投资收益		
二、营业利润(亏损以"—"号填列)	307 995.47	2 712 929.00
加:营业外收入	1 856.00	78 564.00
减:营业外支出	13 922.80	179 138.16
其中:非流动资产处置损失		
三、利润总额(亏损总额以"—"号填列)	295 928.67	2 612 354.84
减:所得税费用	72 500.45	810 299.36
四、净利润(净亏损以"—"号填列)	223 428.22	1 802 055.48
五、每股收益:		
(一)基本每股收益		
(二)稀释每股收益		

二、本期所发生的经济业务

以下各业务所附原始凭证见标题三。

1. 3 日，开出现金支票，提取现金 2 000 元备用。

2. 3 日，购买材料，材料已验收入库，开出转账支票从工行支付材料款。

3. 3 日，赊销给兴桂农机公司宏远 1 号农用拖拉机 80 台。

要求：开出增值税发票。兴桂公司开户银行及账号：工行南宁江南分理处 96583862478 纳税登记号：450100000004562

4. 3 日，购买办公用品。

5. 4 日，收到湖南中南农机公司前欠货款。

6. 4 日，购入硅整流电焊机一台，已交加工车间使用。

预计使用年限 5 年，预计残值 1 202 元，预计清理费用 500 元，月折旧率 1.5%。

7. 4 日。从柳州钢铁公司购入的 36 吨钢板已运到，并验收入库，货款未付。

8. 4 日，以现金支付业务招待费。

9. 4 日，与广东三元公司签订购销合同，采用托收承付方式销售宏远 2 号拖拉机 150 台，代垫运费 6 000 元，广东三元公司开户银行：建行广州广安分行，账号：227894285858，运输公司：广西桂兴运输公司：开户银行及账号：交行南宁中华支行：3968726954，税号：450100567893211

要求：开出增值税发票、开出工行托收承付结算凭证、开出转账支票垫付运费。

10. 5 日，开出转账支票从工行支付加工车间机床维修费。（南宁市机床维修公司 开户行名称：工行衡阳路支行，账号：3321364545）

11. 5 日，用暂时闲职置的资金购入金浩公司股票，作为交易性金融资产。（从证券资金户支付）

12. 5 日，提取现金 3 000 元备用。

13. 5 日，预付差旅费。

14. 5 日，铸造车间生产产品领用生铁 40 吨，钢板 30 吨，一般耗用领电焊条 200 公斤，装配车间生产产品领螺丝螺帽 500 箱，要求填制领料单。

15. 6 日，收 12 月 3 日销售给兴桂农机公司的产品货款。

16. 6 日，从南宁南风化工厂购入油漆 3 000 公斤，油漆底料 8 000 公斤，已验收入库，当日开出转账支票从工行支付货款。

17. 6 日，收到上月所购轮胎 500 套，并验收入库。

提示：根据收料情况填制收料单，10 日汇总后再编制记账凭证。

18. 6 日，铸造车间生产产品领用油漆 848 公斤，机工车间生产产品领用元钢 5 吨。

19. 6 日，付排污费。

20. 6 日，购入一台需安装机床，验收后存放在加工车间准备安装，开出转账支票从工行支付货款。

21. 7 日，支付报刊杂志费。

22. 7 日，与安扬物资公司（一般纳税人）签订代销合同（合同略），委托其代销宏远 1 号拖拉机200 台与宏远 2 号拖拉机 200 台，宏远 1 号拖拉机协议价为 5 000 元/台，宏远 2 号拖拉机协议价为 3 000 元/台，按合同规定每月月底结算，代销手续费为不含税售价的 5%。当日将宏远 1 号拖拉机与宏远 2 号拖拉机发往安扬公司。

23. 7 日，从交行以电汇方式，偿还桂林立远五金公司材料款 156 000 元。该公司开户银行及账号：工行桂林象山支行，5436789123。

24. 10 日，收到 4 日销货款。

25. 10 日，购图书资料。

26. 10 日，以现金支付财务人员培训费。

27. 10 日，从上海米其轮胎设备公司购入轮胎 3 000 件，材料已收到并验收入库，从工行以电汇方式付款。

28. 10 日，公司与祥兴农机公司签订协议，采用商业汇票结算方式向祥兴公司销售 100 台宏远 2 号拖拉机。祥兴农机公司税号：450100246536798

29. 10 日，缴税。

30. 10 日，开出转账支票从工行支付广告费。

（南方早报开户银行及账号：交通银行南宁民主支行，78453261）

31. 10 日，装配车间生产宏远 1 号拖拉机领用轮胎 600 套，生产宏远 2 号拖拉机领用轮胎 400 套。

32. 10 日，长发物资贸易公司购宏远 1 号拖拉机 160 台，双方签订协议约定采用分期收款方式销售，从第二年开始分 5 年于每年 12 月 10 日收回 200 000 元，合计 1 000 000 元。在现销方式下，该批设备的销售价格为 800 000 元，公司发出商品时开出增值税发票，并于当天收到增值税额 130 000 元。

长发物资贸易公司税号：450132486741010

33. 10 日，根据 1-10 日收料单编制"收料凭证汇总表"，并进行账务处理。

34. 10 日，根据 1-10 领料单编制"发料凭证汇总表"，并进行账务处理。材料成本差异月末一次计算。

35. 11 日，安装本月 6 日购回的机床。领用角钢（1 号仓库）0.5 吨，领用工程材料水泥（2 号仓库）2 吨，实际成本 700 元，

提示：领用原材料按实际成本核算，以月初差异率计算材料成本差异，并同时转出进项税额。

36. 11 日，收回南宁市沙田农场货款 30 000 元，确认坏账损失 11 800 元。

37. 11 日，报销差旅费。（报销单原始凭证略）

38. 11 日，收到长沙华益机电有限公司发来的 HY308 轴承 10 000 套，并同时收到对方寄来的运单及托收承付结算单，材料验收入库后，当日承付货款。

39. 11 日，向交通银行借入流动资金借款（贷款合同略）。

40. 12 日，装配车间生产宏远 1 号机领用 HY308 轴承 4 000 套，生产宏远 2 号机领用 HY206 轴承 4 400 套。

41. 12 日，签发商业汇票（期限 6 个月）偿还前欠威海机电公司货款 202 000 元。

（威海机电公司开户银行：工行威海海滨支行，账号：96879643256）

42. 12 日，采购员交来湘潭钢铁贸易公司开来的增值税发票，购入生铁 45 吨，钢板 20 吨，材料未到，开出为期三个月的不带息商业承兑汇票 163 215 元。（运费按材料的重量分摊）

43. 12 日，从银行领取现金 3 000 元。

44. 12 日,公司办公室吴天明预借差旅费 3 000 元,以现金支付。

45. 12 日,向南宁齿轮厂购进 CL206 齿轮 8 000 套,CL302 齿轮 10 000 套,CL306 齿轮 2 000 套,材料已验收入库。

46. 从交行签发银行汇票,金额 1 000 000 元,交采购员购买材料。

要求:填写银行汇票委托书(对方单位:威海松宇机电有限公司　开户银行:工行威海汇春路分理处;账号 60009643256)

47. 13 日,销售宏远 2 号拖拉机 120 台给桂阳农机销售公司,开出转账支票从工行支付代垫运杂费 6 000 元,货款未收。桂阳农机销售开户银行及账号:工行桂林支行独秀分理处,9866786425,税号 450356423114652,运输公司:广西桂兴运输公司:开户银行及账号:交行南宁中华支行:3968726954,税号:450100567893211

48. 13 日,装配车间生产宏远 1 号拖拉机领用 CL206 齿轮 2 600 套,CL302 齿轮 2 500 套,CL306 齿轮 500 套。生产宏远 2 号拖拉机领用 CL206 齿轮 1 300 套,CL302 齿轮 2 300 套,CL306 齿轮 1 200 套。

49. 13 日,向广西龙源机电公司购入 GNC 柴油机 300 台,采购员交回的发票上注明价款 474 000 元,增值税 80 580 元。材料已验收入库,货款未付。

50. 14 日,开出转账支票从工行支付办公室维修费 5 000 元。(南宁市蓝天装饰公司 开户行名称:工行衡阳路支行,账号:3321364545)

51. 14 日,开出转账支票从工行支付下一年度保险费和车船使用税。(保险公司开户银行及账号:工行南宁民族支行,8643786522)

52. 14 日,根据工资汇总表,签发转账支票委托开户银行发放工资。

要求:支票收款人:宏远机械设备公司职工工资户;李明阳等。

53. 14 日,按工资汇总表,进行本月应付工资的分配。

54. 14 日,根据应付工资额计提企业负担的养老保险(20%)、医疗保险 6%、失业保险 2%、工伤保险 1%、住房公积金 10%、职工教育经费(1.5%)、工会经费(2%)。

55. 14 日,开出转账支票支付养老保险费 52 157.4 元、医疗保险 15 647.22 元、失业保险 5 215.74 元、工伤保险 2 607.87 元,收款人:南宁市社会保险基金管理所,开户银行:工行南宁新华支行,账号:5364935867,开出转账支票支付职工住房公积金 26 078.7 元,收款人:南宁市住房公积金管理中心,开户行:建行南宁科园支行,账号:3966278567。支付工会经费 5 215.74 元。

56. 14 日,设备报废。

57. 17 日,收广西钦州物资公司前欠货款。

58. 17 日,从威海松宇机电有限公司购入 GNA 柴油机 850 台已到,并验收入库,用本月 14 日签发的银行汇票结算,实际结算金额为 952 775 元。

59. 17 日,偿还汉江有色金属公司应付票据款 450 000 元(开户银行及账号:工行武汉汉江支行,3216789654,以电汇方式从交行支付)。

60. 17 日,将申请报废的机床运往回收公司处理,收款 3 000 元,支付运费 280 元。

61. 17 日,付养路费。

62. 17 日,装配车间生产宏远 1 号拖拉机领用 GNC 柴油机 220 台,领用 HD 车灯 220 只,领用 LT216 链条 220 套;生产宏远 2 号拖拉机领用 GNA 柴油机 380 台,领用 HE 车灯

106. 25日,开出转账支票,结算本月餐费。聚贤楼饭店开户银行:交行南宁科园支行,账号:6342568946

107. 26日,支付银行结算手续费。

108. 27日,发外加工材料完成,收回钢圈1.3吨,出开转账支票从工行支付加工费价税合计2 141元。

109. 27日,开出现金支票,提取3 000元备用。

110. 27日,机修车间领用螺丝螺帽10箱,领用元钢0.5吨,角钢0.6吨。

111. 27日,因油漆仓库意外起火,经盘点损失油漆530千克。

112. 30日,收到安扬公司开出的代销清单,并收到转来的代销款,同时结清手续费。售出宏远1号拖拉机80台,宏远2号拖拉机120台。安扬公司税号:450111556032145

113. 30日,根据21—30日收料单编制"收料凭证汇总表",并进行账务处理。计算材料成本差异率。

114. 30日,根据21—30领料单编制"发料凭证汇总表",并编制"材料收发结存表"进行账务处理。计算发出材料成本差异。

115. 30日,摊销周转材料。

116. 30日,按照销售合同规定,本公司承诺对销售的拖拉机提供1年免费售后服务。根据以往的经验,发生的保修费为销售额的0.6%。

117. 31日,计提坏账准备。

118. 31日,确认交易性金融的公允价。

海天公司股票12月31日市场交易价为78元,金浩公司股票市场交易价为10.5元。

119. 31日,确认持有至到期投资应收利息及利息收入。

120. 31日,月末转出本月未交增值税。

121. 31日,计提固定资产折旧。

122. 31日,摊销无形资产的价值。

123. 31日,将动力费用在各产品之间进行分配。

124. 31日,根据"工资结算汇总表"将计入生产成本的工资费用按工时在各产品之间进行分配。

125. 31日,分配辅助生产费用,并进行账户处理。

126. 31日,分配制造费用,并进行账户处理。

127. 31日,编制产品成本计算单,计算完工产品和在产品成本。

128. 31日,编制完工产品入库单,并据以结转完工产品的制造成本。

129. 31日,计算并结转本月销售产品成本。

130. 31日,计算本月应交城建税及教育费附加。

131. 31日,计算并结转本月应交所得税。

132. 31日,将各损益类账户结转到"本年利润"账户。

133. 31日,分别按净利润的10%、15%提取法定盈余公积和任意盈余公积,按净利润的40%分配利润给投资者。

134. 31日,编制本月资产负债表、利润表和现金流量表。

135. 31日,填制本月增值税、所得税、城市维护建设税、教育费附加纳税申报表。

三、记录及证明经济业务发生的原始凭证（按经济业务顺序排列）

2-1

广西壮族自治区增值税专用发票

450160139 发票联 №10006825

开票日期： 2007年12月2日

国税函〔2007〕123号滨海印刷厂

购货单位	名 称：	宏远机械设备公司				密码区	略		
	纳税人识别号：	450168887540682							
	地址、电话：	南宁市科园路618号 3213643							
	开户行及账号：	工商银行南宁科园支行 9356789456							
货物或应税劳务名称		规格型号	单位	数量	单价	金额		税率	税额
生铁			吨	40	1750	70 000.00		17%	11 900.00
合 计									
价税合计（大写）		零佰零拾捌万壹仟玖佰零拾零元零角零分 （小写）¥81 900.00							
销货单位	名 称：	南宁翔达贸易公司				备注	南宁翔达贸易公司 450116740381563 发票专用章		
	纳税人识别号：	450116740381563							
	地址、电话：	南宁市明秀路119号 3823496							
	开户行及账号：	工行明秀路分理处 4685382365							

收款人： 复核：周绍岗 开票人：李牧白 销货单位：(章)

第一联：发票联 购货方记账凭证

3-1

出 库 单

2007年12月3日

供货单位：宏远机械设备公司 凭证编号：04562

购货单位：兴桂农机公司 仓库：1号

产成品名称	规格	计量单位	数 量	价 格(不含税)	
				单 价	金 额
拖拉机	宏远1号	台	80	5 000	400 000
备 注：					

第2联

仓库保管：尚毅 仓库负责人：黄全丰 记账：朱红

凭证说明

增值税专用发票，是增值税一般纳税人销售货物或者提供应税劳务开具的发票，是购买方支付增值税额并可按照增值税有关规定据以抵扣增值税进项税额的凭证。作为扣税凭证使用的专用发票，只限于增值税一般纳税人领购使用，增值税小规模纳税人和非增值税纳税人不得领购使用。

增值税专用发票由基本联次或者基本联次附加其他联次构成，基本联次为三联：

第一联：发票联，作为购买方核算采购成本和增值税进项税额的记账凭证。

第二联：抵扣联，作为购买方报送主管税务机关认证和留存备查的凭证。

第三联：记账联，作为销售方核算销售收入和增值税销项税额的记账凭证。

凭证说明

出库单(领料单)是从仓库发出产品或材料时填制的原始凭证，可由企业自行设制，也可从市场上购买。一般有三联：

第一联：存根联。

第二联：记账联，发货后交财会部门，作为减少存货的依据。

第三联：业务联，作为仓库明细账的记账依据及物资供销部门作为统计依据。

4-1

广西壮族自治区南宁市货物销售统一发票

广西南宁 国家税务总局监制

发 票 联

发票代码：145010722401

发票号码：12802991

客户名称：宏运机械设备公司　　　　2007年12月3日

货物名称	规格	单位	数量	单价	满万元无效	千	百	十	元	角	分
复印纸	16k	包	20	18			3	6	0	0	0
复印纸	A4	包	20	22			4	4	0	0	0
现金付讫											
金额（大写）：零仟捌佰零拾零元零角零分						¥	8	0	0	0	0

开票单位（未盖章无效）　　开票人：张子杰　　收款人：刘文静

（印章：南宁市□伦文具店 4501230000042 发票专用章）

国税函（2007）123号飞向印刷厂

第二联 发票联

5-1

中国工商银行电汇凭证（收账通知） 4

□ □ 委托日期 2007年12月3日 第 号

汇款人	全称	湖南中南农机公司	收款人	全称	宏运机械设备公司
	账号	4658987654		账号	9356789456
	汇出地点	湖南 省 长沙 市/县		汇入地点	广西 省 南宁 市/县
汇出行名称		工行长沙五一支行	汇入行名称		工行南宁科园支行

金额	百	十	万	千	百	十	元	角	分
人民币（大写）：陆拾贰万伍仟陆佰贰拾叁元整	¥	6	2	5	6	2	3	0	0

汇款用途：付货款

汇出行盖章

中国工商银行
南宁市科园支行
★ 2007.12.03 ★
业务清讫

上述款项已根据委托办理，如须查询，请持此回单来面洽。

此联汇入行给收款人的收款凭证

凭证说明

发票的种类与使用范围

根据中华人民共和国发票管理办法和国家税务总局的有关规定，发票的管理权限按流转税主体税种划分。增值税纳税人使用的发票由国家税务局管理，如增值税专用发票，工业、商业企业销货发票等；营业税纳税人使用的发票由地方税务局管理，如服务业、建筑安装业、运输业、金融保险业等开具的结算营业收入的各种发票。

发票按行业特点和纳税人的生产经营项目分类，分为增值税专用发票、普通发票和专业发票三种。其中普通发票又分为增值税纳税人使用的普通发票和营业税纳税人使用的普通发票。

6-1

广西壮族自治区增值税专用发票

450160423 　　　　　　　　　　　　　　　　№10006836

发票联

国税函（2007）123号明珠印刷厂

购货单位	名　称	宏远机械设备公司	密码区
	纳税人识别号	450100000000022	
	地址、电话	南宁市大学路	
	开户银行及账号	工商银行南宁科园支行 9356789456	

货物或应税劳务名称	计量单位	数量	单价	金额（百 十 万 千 百 十 元 角 分）	税率%	税额（百 十 万 千 百 十 元 角 分）
硅整流电焊机 ZX3-30KVA-500	台	1	12 000.00	1 2 0 0 0 0 0	17	2 0 4 0 0 0
合　计				¥ 1 2 0 0 0 0 0		¥ 2 0 4 0 0 0
价税合计（大写）	零佰零拾壹万肆仟零佰肆拾零元零角零分			（小写）¥14 040.00		

销货单位	名　称	蓝海电焊机销售公司	备注
	纳税人识别号	450100000000016	
	地址、电话	南宁市北大路	
	开户银行及账号	建行五里亭支行 5682351241	

开票日期：2007年12月4日

收款人：李誉　　复核：杨繁　　开票人：杨繁　　开票单位：(未盖章无效)

第二联：发票联　购货方记账凭证

6-2

宏远机械设备公司固定资产验收入库单

收货单位	宏远机械设备公司	供货单位	蓝海电焊机销售公司		
设备名称	硅整流电焊机	规格型号	ZX3-30KVA-500	数 量	1台
交货日期	2007年12月4日	金额（元）	14 040.00		
收货人	赵亚洲	存放地点(使用部门)	机工车间		
验收小组意见	验收合格，已达到预定可使用状态。 组长签名：刘强 2007.12.4				
备　注					

凭证说明

自 2003 年 7 月 1 日起，北京、广西等多个省(市、区)的增值税一般纳税人已全部通过增值税防伪税控系统开具增值税专用发票(以下简称专用发票)，停止开具手写版专用发票(税务部门可继续使用手写版专用发票为小规模纳税人代开)。为此，各地增值税一般纳税人取得的上述各地增值税一般纳税人于 2003 年 7 月 1 日以后开具的手写版专用发票一律不得作为增值税扣税凭证(税务部门为小规模纳税人代开的手写版专用发票除外)。

专用发票应按下列要求开具：(1)项目齐全，与实际交易相符；(2)字迹清楚，不得压线、错格；(3)发票联和抵扣联加盖财务专用章或者发票专用章；(4)按照增值税纳税义务的发生时间开具。对不符合上列要求的专用发票，购买方有权拒收。

7-1

广西壮族自治区增值税专用发票

450201396　　发票联　　№33006753

开票日期：2007年12月5日

购货单位	名　　称：	宏远机械设备公司	密码区：略
	纳税人识别号：	450168887540682	
	地址、电话：	南宁市科园路618号　3213643	
	开户行及账号：	工商银行南宁科园支行　9356789456	

货物或应税劳务名称	规格型号	单位	数量	单价	金额	税率	税额
钢板		吨	36	3 150	113 400.00	17%	19 278.00
合　计							
价税合计（大写）	零佰壹拾叁万贰仟陆佰柒拾捌元零角零分　（小写）￥132 678.00						

销货单位	名　　称：	柳州钢铁公司	备注
	纳税人识别号：	450258934022386	
	地址、电话：	柳州市北雀路117号 2828996	
	开户行及账号：	建设银行北雀路分理处6549393326	

（印章：柳州钢铁公司　450258934022386　发票专用章）

收款人：　　复核：王楠　　开票人：叶丽　　销货单位：（章）

国税函〔2007〕123号滨海印刷厂

第一联：发票联　购货方记账凭证

7-2

公路、内河货物运输业统一发票

发票联

发票代码　246000711106

发票号码　00273418

开票日期：2007-12-05

机打代码 机打号码 机器编码	245000711106 00273418 889000233327	税控码	略
收货人及纳税人识别码	宏远机械设备公司 450168887540682	承运人及纳税人识别码	柳州重通物流有限公司 450240254382 38
发货人及纳税人识别码	柳州钢铁公司 450258934022386	主管税务机关及代码	柳州市地方税务局 26586522

运输项目及金额	货物名称	重量	单位运价	金额	其他项目及金额		备注
	钢材	36	27.78	1 000.00			
运费小计	￥1 000.00				其他费用小计	￥0.00	
合计（大写）	壹仟零佰零拾零元零角零分　（小写）￥1000.00						

（印章：柳州重通物流有限公司　财务专用章）

承运人盖章　　开票人：郑忠

开户银行　工行柳州鱼峰办　　银行账号　678900200365443

第一联　发票联　付款方记账凭证（手写无效）

凭证说明

根据《国家税务总局关于使用新版公路、内河货物运输业统一发票有关问题的通知》(国税发〔2006〕67 号)规定,准予计算增值税进项税额扣除的货运发票,发货人、收货人、起运地、到达地、运输方式、货物名称、货物数量、运费金额等项目填写必须齐全,与货运发票上所列的有关项目必须相符,否则,不予抵扣。

8-1

广西壮族自治区 南宁市收款机专用发票

发票联

地税

发票代码：245010671401

发票号码：04167418

现金付讫

顾客名称： 宏远机械设备公司

开票日期：*2007. 12. 04*

发票号码：04167418 报

收款机号：04000719 销

税务证号：450100768945201 凭

开票单位：*南宁市好人缘饭店* 据

餐饮费 ¥615. *00* 元

总计：¥615. *00*

大写：零拾零万零仟陆佰壹拾伍

电话： 开票员：03

南宁好人缘饭店 发票专用章

注：盖章与开票单位不符无效。

除顾客名称外手写无效。

桂 A06065 广西瑞熙特种票证印务有限公司承印

9-1

出 库 单

2007 年 12 月 4 日

供货单位：宏远机械设备公司　　　　凭证编号：04563

购货单位：广东三元公司　　　　仓　　库：1 号

产成品名称	规格	计量单位	数 量	价 格(不含税)	
				单 价	金 额
拖拉机	宏远 2 号	台	150	3 000	450 000
备 注					

第 2 联

仓库保管：尚毅　　　　仓库负责人：黄金丰　　　　记账：朱红

10-1

广西壮族自治区 **南宁市修理修配行业统一发票**

发票联

发票代码：145010873356
发票号码：23456548

全国统一发票监制章 广西国家税务总局监制

客户名称：宏远机械设备公司　　　　2007 年 12 月 5 日

服务项目	单位	数量	单价	超过万元无效	金额						
					万	千	百	十	元	角	分
机床维修费	台	1	5 000			5	0	0	0	0	0
合计人民币（大写）零万伍仟零佰零拾零元零角零分					¥	5	0	0	0	0	0

第二联 发票联

南宁市机床维修公司 4501934630386 发票专用章

收款单位（盖章有效）　　开票人：陈欣宜　　收款人：

11-1

国海证券南宁民族大道营业部
股票交割单

成交日期	证券代码	证券名称	操作	成交价格	成交数量	成交金额	印花税	手续费	过户费	余额
20070605	530012	海天	买入	65.00	4 000	260 000	780	650	1	156 305.60
20071205	700191	ST 金浩	买入	12.60	10 000	126 000	378	315	1	29 611.60

13-1

借支单

2007 年 12 月 5 日

工作部门	供应科	职务	科长	姓名	陈东	盖章	陈东
借支金额	人民币（大写）贰仟元整　　¥2 000.00						
借款原因	出差			附证件	现金付讫		
归还日期	2007 年 12 月 16 日						
核　批	同意借款。李明阳　12.5						

会计　　　　出纳　　　　制单 陈东

15-1

中国工商银行同城提入贷方凭证（收账通知） 桂 00623348

2007年12月6日 代理网点号 01500

出票人	全　称	兴桂农机公司	收款人	全　称	宏远机械设备公司
	账　号	4501862478		账　号	6342896543
	开户银行	工行南宁江南分理处		开户银行	工行南宁科园支行

人民币（大写）：肆拾伍万贰仟元整	千	百	十	万	千	百	十	元	角	分
		¥	4	5	2	0	0	0	0	0

备注	凭证种类：　凭证号： 摘要：　交易类型： 中国工商银行 南宁市科园支行 ★ 2007.12.06 ★ 业务清讫 银行章：

复核（授权）：　　打印：

16-1

广西壮族自治区增值税专用发票

450161237　　发票联　　**№10305864**

全国统一发票监制章 国家税务总局监制

开票日期：2007年12月2日

国税函〔2007〕123号滨海印刷厂

购货单位	名称：宏远机械设备公司				密码区	略	
	纳税人识别号：450168887540682						
	地址、电话：南宁市科园路618号 3213643						
	开户行及账号：工商银行南宁科园支行 9356789456						
货物或应税劳务名称	规格型号	单位	数量	单价	金额	税率	税额
油漆		千克	3 000	13	39 000.00	17%	6 630.00
油漆底料		千克	8 000	4	32 000.00		5 440.00
合计					71 000.00		12 070.00
价税合计（大写）	零佰零拾捌万叁仟零佰柒拾零元零角零分　（小写）¥83 070.00						
销货单位	名称：南宁南风化工厂				备注	南宁南风化工厂 450156742301893 发票专用章	
	纳税人识别号：450156742301893						
	地址、电话：南宁市槎路59号 4923487						
	开户行及账号：工行南宁槎路分理处4733386675						

收款人：　　复核：廖绍凯　　开票人：王晶晶　　销货单位：（章）

第一联：发票联　购货方记账凭证

19-1

特约委托收款凭证(付款通知) 3

委托日期 2007 年 12 月 6 日　　　　第　号

付款人	全称	宏远机械机设备公司	收款人	全称	南宁市环保局
	账号或住址	9356789456		账号或住址	6543289678
	开户银行	工商银行南宁科园支行		开户银行	交行南宁共和支行

委收金额	人民币：（大写） 贰仟伍佰元正	百	十	万	千	百	十	元	角	分
				¥	2	5	0	0	0	0

款项内容	11 月排污费	委托收款凭据名称		附单据张数	
备注		款项收妥日期　年　月　日 中国工商银行 南宁市科园支行 ★ 2007.12.06 ★ 业务清讫		该款项根据收款单位委托从你单位账户付出。 收款人开户银行盖章 2007 年 12 月 6 日	

单位主管　　会计　　复核　　记账

此联是付款单位开户银行给付款单位的付款通知

19-2

广西壮族自治区行政事业收费统一收据 桂 O N0 3458263

（广西壮族自治区财政厅 一般收据专用章）

2007 年 12 月 6 日

广西壮族自治区财政厅监制

今收到 宏远机械设备公司 交来 11 月排污费 款项

人民币：（大写） 零万贰仟伍佰零拾零元零角零分。此据。

¥2 500.00

备注　　　　2007 2008 年版

收款单位（章）　财会主管（章）　收款人（章）吕玲

（南宁市环保局 ★ 财务专用章）

第二联 收据

凭证说明

同城特约委托收款结算方式，是收款人按照合同或国务院的有关规定，在特定期间内委托开户银行向同城的付款人收取特定款项，付款人开户银行根据付款人的授权，在见到同城特约委托收款凭证时，直接从付款人账户支付款项的结算方式。

在同城范围内，收款人收取公用事业费或根据国务院有关规定收取社会保障基金等款项的，可以使用同城特约委托收款结算方式。

同城特约委托收款凭证的格式、联次、颜色、规格由人民银行营业管理部统一规定。该凭证一式四联：

第一联　付款人开户银行作借方凭证；

第二联　付款人开户银行给付款人的支款通知；

第三联　收款人开户银行作贷方凭证；

第四联　收款人开户银行给收款人的回单。待款项收妥后，即为收账通知。

20-1

广西壮族自治区增值税专用发票

450160139　　发票联　　№10006825

（印章：国家统一发票监制章 广西南宁市 国家税务总局监制）

开票日期：2007年12月6日

购货单位	名　　称：	宏远机械设备公司				密码区	略
	纳税人识别号：	450168887540682					
	地址、电话：	南宁市科园路618号 3213643					
	开户行及账号：	工商银行南宁科园支行 9356789456					

货物或应税劳务名称	规格型号	单位	数量	单价	金额	税率	税额
机床	CJ612	台	1	180 000	180 000.00	17%	30 600.00
合　计							
价税合计（大写）	零佰贰拾壹万零仟陆佰零拾零元零角零分　（小写）¥ 210 600.00						

销货单位	名　　称：	广西顺达贸易公司	备注	（印章：广西顺达贸易公司 450100000000055 发票专用章）
	纳税人识别号：	450100000000055		
	地址、电话：	南宁市友爱路		
	开户行及账号：	建行南宁友爱支行 6682351245		

收款人：　　复核：周绍岗　　开票人：李牧白　　销货单位：（章）

国税函（2007）123号滨海印刷厂

第一联：发票联　购货方记账凭证

20-2

宏远机械设备公司
固定资产验收入库单

收货单位	宏远机械设备公司	供货单位	广西顺达贸易公司		
设备名称	机床	规格型号	CJ 612	数 量	1台
交货日期	2007年12月6日	金额（元）	210 600.00		
收货人	赵亚洲	存放地点	加工车间		
验收小组意见	验收合格，交付加工车间安装。 组长签名：张珊 2007.12.6				
备　注					

21-1

中国人民邮政报刊收据

单位：宏远机械设备公司　　　　2007年12月7日　　　　NO 75846

报刊种类	附件（订阅单）		金额									
	起止期	份数	千	百	十	万	千	百	十	元	角	分
广西日报等10种	2008.1——2008.6						3	5	4	6	0	0
合计（大写）叁仟伍佰肆拾陆元整				（小写）¥3 546.00								

南宁市邮政局明秀分局 财务专用章

注：收据数字如有涂改或未盖收款章无效。　　　　收款人：尹毅

21-2

委托收款凭证(付款通知)　　4

委托日期 2007 年 12 月 7 日　　　　第　号

付款人	全称	宏远机械设备公司	收款人	全称	南宁市邮政局明秀分局								
	账号或住址	9356789456		账号或住址	9543896452								
	开户银行	工商银行南宁科园支行		开户银行	建行南宁明秀支行								
委收金额	人民币：叁仟伍佰肆拾陆元整（大写）				百	十	万	千	百	十	元	角	分
							¥	3	5	4	6	0	0
款项内容	报刊费	委托收款凭据名称	收据	附单据张数	1								
备注：	款项收妥日期　年　月　日			收款人开户银行盖章									

中国工商银行 南宁市科园支行 2007.12.07 业务清讫

单位主管　　会计　　复核　　记账

此联是付款单位开户银行给付款单位的付款通知

22-1

出 库 单

2007年12月7日

供货单位：宏远机械设备公司　　　　凭证编号：04564

购货单位：安扬物资公司　　　　仓　库：1号

产成品名称	规格	计量单位	数 量	价 格(不含税)	
				单 价	金 额
拖拉机	1号	台	200	5 000	1 000 000
拖拉机	2号	台	200	3 000	600 000
备 注：委托代销商品					1 600 000

第2联

仓库保管：尚毅　　　　仓库负责人：黄金丰　　　　记账：朱红

22-2

委托代销协议

委销字（058）号

（一）宏远机械设备公司（甲方）委托安扬物资公司（乙方）代销下列商品：

产品	规格大小	计量单位	数量	单价	金额（不含税）
宏远1号拖拉机	1号	台	200	5 000	1 000 000
宏远2号拖拉机	2号	台	200	3 000	600 000

（二）商品包装应按运输部门规定办理，否则运输途中损失由甲方负责。如因不符运输要求，乙方代为改装及加固，其费用由甲方负责。

（三）交货地点：凭乙方发货通知单，由甲方代办托运直拨至购货单位。

（四）代销商品发货数量必须根据乙方通知。

（五）手续费收取与结算按下列办法：按销货款总额5%收取手续费；待乙方收到货款后，即给甲方结算并扣回代垫费用。

（六）甲方代销商品应与样品相符，保质保量，代销数量、规格、价格，有效期内如有变更，甲方必须及时通知乙方，通知到达前，已由乙方签出的合同，应照旧履行。如因质量或供应脱节而造成的损失和费用（包括手续费），均由甲方负责。

（七）对销售的1号拖拉机提供3年免费售后服务。

（八）本协议一式3份，甲方1份，乙方1份，鉴证机关1份，自签订日起生效，有效期12个月。

甲方：宏远机械设备公司　　　　乙方：安扬物资公司

代表：[illegible]明阳　　　　代表：张伟

开户银行：工行南宁科园支行　　　　开户银行：工行南宁江南分理处

账号：9356789456　　　　账号：935874963

二〇〇七年十二月七日　　　　二〇〇七年十二月七日

24-1

中国工商银行托收承付凭证（收款通知） 4 托收号码 1569

承付期限
到期 年 月 日

委托日期 2007 年 12 月 4 日

付款人	全称	广东三元公司	收款人	全称	宏远机械设备公司
	账号	227894285858		账号	9356789456
	开户银行	建行广州广安分行		开户银行	工行南宁科园支行

托收金额	人民币（大写）：伍拾壹万肆仟伍佰元整	千	百	十	万	千	百	十	元	角	分
			¥	5	1	4	5	0	0	0	0

附件		商品发运情况	合同名称号码
附寄单据张数	2	已发运	01-126
备注：验单付款		上列款项已由付款人开户行全额划回并收入你方账户内。此致 收款人 收款人开户银行盖章 12 月 10 日	科目 对方科目 转账年月日 单位主管会计 复核 记账

中国工商银行 南宁市科园支行 ★ 2007.12.10 ★ 业务清讫

收款人开户银行收到日期 2007 年 12 月 10 日 支付日期 年 月 日

此联是收款人开户银行在款项收妥后给收款人的收账通知

25-1

广西壮族自治区 南宁市货物销售统一发票

发票代码：145010821213
发票号码：00003986

广西 国家税务局监制

客户名称：宏远机械设备公司　　2007 年 12 月 8 日

货物名称	规格	单位	数量	单价	万	千	百	十	元	角	分
企业会计准则讲解		本	2	79.40			1	5	8	8	0
现金付讫											
金额：（大写）零万零仟壹佰伍拾捌元捌角零分						¥	1	5	8	8	0

第二联 发票联

南宁新华书店 ★ 财务专用章

开票单位：（未盖章无效） 开票人：张子南 收款人：刘文利

26-1

广西壮族自治区事业性收费统一收据　　桂 0　NO 2526358

2007 年 12 月 10 日

交款单位	宏远机械设备公司		收费许可证字号	桂价证 05100100							
收费项目		数量	收费标准	金额							
				十	万	千	百	十	元	角	分
财务人员后续教育培训费		5	180				9	0	0	0	0
合计						¥	9	0	0	0	0
金额（大写）	零拾零万零千玖佰零拾零元零角零分			现金付讫							
备注：2007-2008 年版			结算方式	现金							

收款单位：（公章）　财务专用章　　财务主管　　收款人：李艳

27-1

上海市增值税专用发票

200161554　　发票联　　№80058863

开票日期：2007年12月6日

购货单位	名称：	宏远机械设备公司				密码区	略	
	纳税人识别号：	450168887540682						
	地址、电话：	南宁市科园路 618 号　3213643						
	开户行及账号：	工商银行南宁科园支行　9356789456						
货物或应税劳务名称	规格型号	单位	数量	单价	金额	税率	税额	
轮胎		套	3 000	200	600 000.00	17%	102 000.00	
合计								
价税合计（大写）	零佰柒拾零万贰仟零佰零拾零元零角零分　（小写）¥702 000.00							
销货单位	名称：	上海米其轮胎设备公司				备注	上海米其轮胎设备公司 200100000301456 发票专用章	
	纳税人识别号：	200100000301456						
	地址、电话：	上海市南浦路 63 号 77252346						
	开户行及账号：	浦发银行南浦路分理处 8643386231						

收款人：　　复核：郭铭荀　　开票人：陈锋　　销货单位：（章）

国税函〔2007〕123 号 飞图印刷厂

第一联：发票联　购货方记账凭证

27-2

公路、内河货物运输业统一发票

发票联

（全国统一发票监制章 上海 地方税务局监制）

发票代码 002151256832

发票号码 0001564567

开票日期：2007-12-05

机打代码 机打号码 机器编码	002151256832 0001564567 659000658942	税控码	略
收货人及 纳税人识别码	宏远机械设备公司 *450168887540682*	承运人及 纳税人识别码	上海八达物流有限公司 ***20332562386231***
发货人及 纳税人识别码	上海米其轮胎设备公司 *200100000301456*	主管税务机关 及代码	上海市地方税务局 ***85632063***
运输项目及金额	货物名称 重量 单位运价 金额 轮胎 20 250 5 000.00 （上海八达物流有限公司 20332562386231 发票专用章）	其他项目及金额	备注
运费小计	¥5 000.00	其他费用小计	¥0.00
合计（大写）	伍仟零佰零拾零元零角零分 （小写）¥5 000.00		

承运人盖章　　　　开票人：靳立德

开户银行 工行上海沈阳路支行　　银行账号 789356400325687

第一联 发票联 付款方记账凭证（手写无效）

28-1

出 库 单

2007年12月20日

供货单位：宏远机械设备公司　　凭证编号：04567

购货单位：祥兴农机公司　　仓　库：1号

产成品名称	规格	计量单位	数量	价格(不含税)	
				单价	金额
拖拉机	宏远2号	台	100	3 000	300 000
备注：					

第2联

仓库保管：尚毅　　仓库负责人：黄金丰　　记账：米红

凭证说明

商业承兑汇票是按交易双方约定，由销货企业或购货企业签发，但由购货企业承兑的商业汇票。

特点：1. 商业承兑汇票的付款期限，最长不超过 6 个月；

2. 商业承兑汇票的提示付款期限，自汇票到期日起 10 天；

3. 商业承兑汇票可以背书转让；

4. 商业承兑汇票的持票人需要资金时，可持未到期的商业承兑汇票向我行申请贴现；

5. 适用于同城或异地结算。

申办条件：1. 开立存款账户的法人或其他经济组织；

2. 有真实的交易关系或债权债务关系。

联次：第一联为卡片，由承兑人（付款单位）留存；

第二联为商业承兑汇票，由收款人开户银行随结算凭证寄付款人开户银行作付出传票附件；

第三联为存根联，由签发人存查。

28-2

销售合同

合同号：XS00123

供方：宏远机械设备公司（甲方）

需方：祥兴农机公司（乙方）

一、产品名称、型号、数量、金额：

产品名称	型号	数量	单价（元）	总金额
2号拖拉机	2号	100	3 000	339 000
合计人民币金额（大写）：叁拾叁万玖仟元整				

二、技术指标：

以原厂技术参数为标准

三、包装要求：

原厂包装

四、保修期：

生产厂家标准，12个月内免费维修，负责终身维修

五、货款结算方式：采取商业汇票方式，

六、货款结算日期：三个月

七、违约所负责任和解决纠纷方式：

1. 如有任何一方违约，应承担违约部分50%的违约金。
2. 仲裁：一切因执行本合同或本合同有关的争执，应由双方通过友好方式协商解决。如经协商不能得到解决时，应提交仲裁委员会或合同签订地所在法院解决。

供方	需方
单位名称：宏远机械设备公司	单位名称：祥兴农机公司
单位地址：南宁市科园路1号	单位地址：南宁市五 路
法定代表人：李明阳	法定代表人：王文明
邮政编码：530002	邮政编码：540016
开户银行：工行南宁科园支行	开户银行：工行南宁江南分理处
帐 号：9356789456	帐 号：227894285856

（宏远机械设备公司 合同专用章）（祥兴农机公司 合同专用章）

有效期：二OO七年十二月五日至二OO八年二月二十八日

签约地：中国 . 广西南宁

28-3

商业承兑汇票 2

2007年12月10日　　第103号

付款人	全称	祥兴农机公司	收款人	全称	宏远机械设备公司
	账号	9258975342		账号	9356789456
	开户银行	工行南宁江南分理处		开户银行	工行南宁科园支行
汇票金额	人民币（大写）：叁拾叁万玖仟元整				千 百 十 万 千 百 十 元 角 分：¥ 3 3 9 0 0 0 0 0
汇票到期日	2008.03.10		交易合同号码		XS00123
备注：不带息票据			负责：程海　经办：张力		

（中国工商银行 南宁市科园支行 2007.12.10 业务清讫）

29-1

中华人民共和国 税收通用缴款书

（国）

（20062）桂国缴电 0140875 号

隶属关系：

注册类型：有限责任　填发日期 2007 年 12 月 10 日　征收机关：南宁市国税局

缴款单位(人)	代码	3612536	预算科目	编码	100201
	全称	宏远机械设备公司		名称	增值税
	开户银行	工行南宁科园支行		级次	中央级
	账号	9356789456	收款国库		国家金库南宁西乡塘区支库

税款所属时期 2007 年 11 月 1—31 日	税款限缴日期 2007 年 12 月 10 日

品目名称	课税数量	计税金额或销售收入	税率或单位税额	已缴或扣除额	实缴税额
增值税			13%		26 785.00
金额合计	（大写）人民币贰万陆仟柒佰捌拾伍元零角零分				¥26 785.00

缴款单位(人)（盖章）经办人(章)	税务机关（盖章）填票人(章)	上列款项已收妥并划转收款单位账户 国库(银行)盖章　2002 年 12 月 10 日	备注：

南宁市国家税务局 03号 征收专用章

中国工商银行 南宁市科园支行 ★ 2007.12.10 ★ 业务清讫

（无银行收讫章无效）　逾期不缴按税法规定加收滞纳金

第一联(收据)国库(银行)收款盖章后退缴款单位作完税凭证

29-2

中华人民共和国 税收转账专用完税证

（地）

填发日期 2007 年 12 月 10 日　（2007）桂地转电：No 02834561

纳税人代码	4263853	征收机关	南宁市西乡塘区地税局
纳税人名称	宏远机械设备公司	收款银行	区工行
税款所属时期	流水号	银行账号	2102112009300264703

税种（税目）	交易流水号	实缴金额
城市维护建设税 教育费附加	201055000000013298	1 875.00 803.00
金额合计	（大写）人民币贰仟陆佰柒拾捌元零角零分	¥2 678.00

税务机关（盖章）	收款银行（盖章）	填票人（盖章）	备注	税款来源：申报 本票税款所属日期：2007-11-01 至 2007-11-30 备注：

南宁市青秀区地方税务局 10号 征收专用章

中国工商银行 南宁市科园支行 ★ 2007.12.10 ★ 业务清讫

第二联(收据)交纳税人作完税凭证

凭证说明

在纳税申报期内,企业向主管税务机关提交相关《纳税申报表》并保证纳税账户有足够余额交缴税款;税务机关审核纳税申报表后开出《税收缴款书》交企业开户银行,银行划转税款后将税收缴款书交企业,会计凭《税收缴款书》进行相关完税账务处理。

29-3

中华人民共和国 地
税收转账专用完税证

填发日期 2007 年 12 月 10 日 （2007）桂地转电：No 02834562

纳税人代码	4263853	征收机关	南宁市西乡塘区地税局
纳税人名称	宏远机械设备公司	收款银行	区工行
税款所属时期	流水号	银行帐号	2102112009300264703

税种（税目）	交易流水号	实缴金额
所得税	201055000000013375	21 400.00
金额合计	（大写）人民币贰万壹仟肆佰零拾零元零角零分	￥21 400.00

税务机关（盖章）	收款银行（盖章）	填票人（盖章）	备注	税款来源：申报 本票税款所属日期：2007-11-01 至 2007-11-30 备注：

中国工商银行 南宁市科园支行 2007.12.10 业务清讫

10 号 征收专用章

第二联(收据)交纳税人作完税凭证

30-1

广西壮族自治区事业性收费统一收据 桂 0 NO 2358647

2007 年 12 月 10 日

交款单位	宏远机械设备公司	收费许可证字号	桂价证 05100100

收费项目	数量	收费标准	金额 十	万	千	百	十	元	角	分
广告费				1	5	0	0	0	0	0
合 计			¥	1	5	0	0	0	0	0

金额：（大写） 零拾壹万伍仟零佰零拾零元零角零分

备注：2007-2008 年	结算方式	转账

2001000003014 发票专用章

收款单位（盖章） 财务主管： 收款人：李菲

32-1

出　库　单

2007年12月10日

供货单位：宏远机械设备公司　　　　凭证编号：04567

购货单位：长发物资贸易公司　　　　仓　　库：1号

产成品名称	规格	计量单位	数　量	价　格(不含税)		
				单 价	金 额	
拖拉机	1号	台	160	6 250	1 000 000	第2联
备 注						

仓库保管：尚毅　　　仓库负责人：黄金丰　　　记账：朱红

32-2

中国工商银行同城提入贷方凭证（收账通知）　桂　00623596

2007年12月10日　　　代理网点号　01500

出票人	全　称	长发物资贸易公司	收款人	全　称	宏远机械设备公司
	账　号	400315786115		账　号	9356789456
	开户银行	建行南宁友爱支行		开户银行	工行南宁科园支行

人民币（大写）：壹拾叁万元整	千	百	十	万	千	百	十	元	角	分
		¥	1	3	0	0	0	0	0	0

备注　凭证种类：　　凭证号：

　　　摘要：　　交易类型：　　银行章：

中国工商银行 南宁市科园支行 ★ 2007.12.10 ★ 业务清讫

复核（授权）：　　　　打印：

35-1

领 料 单

2007 年 12 月 11 日　　　　发料仓库：2 号仓库

材料类别	名称及规格	计量单位	数量		计划单价	金额	用途
			请领	实领			
钢材	角钢	吨	0.5	0.5	2 800	1 400	机床安装领用
合计						1 400	

第二联 交会计

仓库主管：李功　　　发料人：赵前　　　领料人：林强

35-2

领 料 单

2007 年 12 月 11 日　　　　发料仓库：3 号仓库

材料类别	名称及规格	计量单位	数量		实际单价	金额	用途
			请领	实领			
工程物资	425#水泥	吨	2	2	350	700	机床安装领用
合计						700	

第二联 交会计

仓库主管：李功　　　发料人：唐思　　　领料人：林强

36-1

中国工商银行同城提入贷方凭证（收账通知）　桂　00623596

2007 年 *12* 月 *11* 日　　　　代理网点号　01500

出票人	全　称	南宁市沙田农场	收款人	全　称	宏远机械设备公司
	账　号	*7359789451*		账　号	9356789456
	开户银行	工行南宁古城支行		开户银行	工行南宁科园支行
人民币（大写）：叁万元整				千 百 十 万 千 百 十 元 角 分	¥ 3 0 0 0 0 0 0
备注	凭证种类： 摘要：	中国工商银行 南宁市科园支行 ★ 2007.12.11 ★ 凭证号： 交易类型： 业务清讫			银行章：

复核（授权）：　　　　打印：

36-2

坏账损失核销单

应收南宁市沙田农场货款41 800元，因该农场破产。只收回30000元，余款11800元，经研究，同意核销。

审批人：李明阳

宏远机械设备公司

2007年12月10日

37-1

宏远机械设备公司差旅费报销单

2007年12月11日

姓名		陈东				职级别		科长		出差事由		采购材料
起		止		地点		车船费		住勤补助		住宿费	其他	合计
月	日	月	日	起	止	类别	金额	天数	金额			
12	6	12	7	南宁	武昌	火车	301.00	5	300	480.00		1081.00
12	10	12	11	武昌	南宁	火车	291.00					291.00
合计							592.00		300.00	480.00		1372.00
报销金额	人民币(大写)壹仟叁佰柒拾贰元整 ¥1 372.00											
原借款	¥2 000.00		报销金额		¥1 372.00		应退还		¥628.00		应找补	
财会审核	已审核 李林 2007.12.11			单位负责人审核		同意报销 李明阳 2007.12.11						

主管：　　会计：　　出纳：　　出差人：陈东

38-1

湖南省增值税专用发票

422365847 发票联 **№56685231**

开票日期： 2007 年 12 月 8 日

国税函（2007）123 号洋河印刷厂

购货单位	名 称：	宏远机械设备公司				密码区	略	
	纳税人识别号：	450168887540682						
	地址、电话：	南宁市科园路 618 号 3213643						
	开户行及账号：	工商银行南宁科园支行 9356789456						
货物或应税劳务名称	规格型号	单位	数量	单价	金额	税率	税额	
轴承	HY308	套	10 000	6.3	63 000.00	17%	10 710.00	
合 计								
价税合计（大写）	零佰零拾柒万叁仟柒佰壹拾零元零角零分 （小写）￥73 710.00							
销货单位	名 称：	长沙华益机电有限公司				备注		
	纳税人识别号：	420100000653241						
	地址、电话：	长沙市江汉路 55 号 6223574						
	开户行及账号：	建设银行江汉路分理处 2601002354						

收款人： 复核：秦怡 开村人：刘祥 销货单位：（章）

第一联：发票联 购货方记账凭证

38-2

公路、内河货物运输业统一发票

发票联

发票代码 365000856361
发票号码 27634187

开票日期：2007-12-08

机打代码 机打号码 机器编码	365000856361 27634187 6590003132325				税控码	略	
收货人及 纳税人识别码	宏远机械设备公司 450168887540682				承运人及 纳税人识别码	湖南百达通物流有限公司 42036525432548	
发货人及 纳税人识别码	长沙华益机电有限公司 420100000653241				主管税务机关 及代码	长沙市地方税务局 63582591	
运输项目及金额	货物名称	重量	单位运价	金额	其他项目及金额		备注
	轴承	40	55	2 200.00			
运费小计	￥2 200.00				其他费用小计	￥0.00	
合计（大写）	贰仟贰佰零拾零元零角零分 （小写）￥2 200.00						

承运人盖章 开票人：王珊

开户银行 工行长沙梨园分理处 银行账号 5231002003654213

第一联 发票联 付款方记账凭证 （手写无效）

38-3

中国建设银行托收承付凭证（承付支款通知） 托收号码：3648987654

电 委托日期2007年12月8日

收款人	全称	长沙华益机电有限公司	付款人	全称	宏远机械设备公司
	账号	2601002354		账号	9356789456
	地址	湖南 省 长沙 市/县		地址	广西 省 南宁 市/县
	开户银行	建行长沙江汉路分理处		开户银行	工商银行南宁科园支行

托收金额	人民币（大写）柒万伍仟玖佰壹拾元整	千	百	十	万	千	百	十	元	角	分
				¥	7	5	9	1	0	0	0

附件	★发票	商品发运情况	★发货	合同名称号码
寄单证张数或册数	2			到期日 2002年12月12日

中国工商银行 南宁市科园支行 2007.12.11 业务清讫

单位主管 周舟　会计 张山　复核 李明　记账 王民

此联是付款行通知付单位按期付款的承付通知

39-1

中国交通银行企业流动资金借款凭证（第四联代贷款通知）

借款单位：宏远机械设备公司　2007年12月11日　第　号

贷款种类	流动资金贷款	贷款账号	45001002001234	存款账号	6342896543

借款金额	人民币：壹佰万元整（大写）	亿	千	百	十	万	千	百	十	元	角	分
			¥	1	0	0	0	0	0	0	0	0

借款用途及原因	生产用流动资金	还款日期	2008年3月11日

兹向你行借上列款项，到期由我单位主动归还或从单位存款账户中扣收，我单位愿遵守交通银行贷款办法的各项规定。 借款单位盖章 （留存银行印鉴） 宏远机械设备公司 财务专用章 李明阳	上述借款，根据34号合同，月息5‰ 经办人意见：同意。刘名 业务负责人意见：同意。韦鸣　业务部门签章 主管行长意见：同意。张山 2007年12月11日 中国交通银行 南宁高新支行 2007.12.11 转讫 记账　年　月　日 会计　复核　记账

42-1

湖南省增值税专用发票

422365847 发票联 №56231553

开票日期： 2007 年 12 月 12 日

购货单位	名称：	宏远机械设备公司			密码区	略	
	纳税人识别号：	450168887540682					
	地址、电话：	南宁市科园路 618 号 3213643					
	开户行及账号：	工商银行南宁科园支行 9356789456					
货物或应税劳务名称	规格型号	单位	数量	单价	金额	税率	税额
生铁		吨	45	1 700	76 500.00	17%	13 005.00
钢板		吨	20	3 150	63 000.00		10 710.00
合计					139 500.00		23 715.00
价税合计（大写）	零佰壹拾陆万叁仟贰佰壹拾伍元零角零分 （小写）¥163 215.00						
销货单位	名称：	湘潭钢铁贸易公司			备注	湘潭钢铁贸易公司 430300589765423 发票专用章	
	纳税人识别号：	430300589765423					
	地址、电话：	湘潭市五一路 11 号 7885764					
	开户行及账号：	工行湘潭五一路支行 56879643256					

收款人 复核：张思德 开票人：黄锡明

国税函〔2007〕123 号洋河印刷厂

第一联：发票联 购货方记账凭证

公路、内河货物运输业统一发票

发票联

发票代码 365000856361
发票号码 27634862

开票日期：2007-12-12

机打代码 机打号码 机器编码	365000856361 27634187 6590003132325	税控码	略
收货人及纳税人识别码	宏远机械设备公司 450168887540682	承运人及纳税人识别码	湖南百达通物流有限公司 42036525432548
发货人及纳税人识别码	湘潭钢铁贸易公司 420500083652873	主管税务机关及代码	长沙市地方税务局 63582591
运输项目及金额	货物名称 重量 单位运价 金额 钢材 20 生铁 45 湖南百达通物流有限公司 42036525432548 发票专用章	其他项目及金额	备注
运费小计	¥4 000.00	其他费用小计	¥0.00
合计（大写）	肆仟零佰零拾零元零角零分 （小写）¥4 000.00		

承运人盖章 开票人：立经天

开户银行 工行长沙梨园分理处 银行账号 5231002003654213

第一联 发票联 付款方记账凭证 （手写无效）

44-1

借支单

2007年12月12日

工作部门	办公室	职务	科长	姓名	吴天明	盖章	吴天明
借支金额	人民币（大写）叁仟元整 ¥3 000.00						
借款原因	出差			附件	现金付讫		
归还日期	2007年12月20日						
核　　批	同意借款。李明阳　2007.12.12						

会计　　　　　出纳　　　　　制单吴天明

45-1

广西壮族自治区增值税专用发票

450161237　　　　发票联　　　　**№10305864**

全国统一发票监制章 南宁市 国家税务总局监制

开票日期：　2007年12月12日

国税函〔2007〕123号滨海印刷厂

购货单位	名　称：	宏远机械设备公司				密码区	略	
	纳税人识别号：	450168887540682						
	地址、电话：	南宁市科园路618号　3213643						
	开户行及账号：	工商银行南宁科园支行　9356789456						
货物或应税劳务名称	规格型号	单位	数量	单价	金额	税率	税额	
齿轮	CL206	套	8 000	13.5	108 000.00	17%	18 360.00	
	CL302	套	10 000	20	200 000.00		34 000.00	
	CL306	套	2 000	25	50 000.00		8 500.00	
合　计					358 000.00		60 860.00	
价税合计（大写）	零佰肆拾壹万捌仟捌佰陆拾零元零角零分　（小写）¥418 860.00							
销货单位	名　称：	南宁齿轮厂				备注	南宁齿轮厂 450116740381563 发票专用章	
	纳税人识别号：	450100000003523						
	地址、电话：	南宁市长岗路65号　5628765						
	开户行及账号：	建行南宁市长岗路分理处3338647675						

第一联：发票联　购货方记账凭证

收款人：　　　复核：高靖如　　　开票人：王圆圆　　　销货单位：（章）

46-1

中国交通银行

III XI00458988

付款期限 壹个月

银行汇票 2

第 号

出票日期（大写） 贰零零柒年壹拾贰月壹拾贰日

代理付款行：中国交通银行南宁高新支行

收款人：威海松宇机电有限公司 账号 60009643256										
出票金额人民币（大写）壹佰万元整										
实际结算金额人民币（大写）	千	百	十	万	千	百	十	元	角	分

申请人：宏远机械设备公司　　账号或住址：6342896543

出票行：交行南宁高新支行

备　注：货款

代理付款行签章

中国交通银行
南宁市高新支行
★2007.12.12★
业务章

多余金额										科目（借）
千	百	十	万	千	百	十	元	角	分	对方科目（贷） 兑付日期 年 月 日
										复核 记账

此联代理付款行兑付后作联行往账借方凭证附件

证附件

46-2

中国交通银行

III XI00458988

付款期限 壹个月

银行汇票（解讫通知） 3

第 号

出票日期（大写） 贰零零柒年壹拾贰月壹拾贰日

代理付款行：中国交通银行南宁高新支行

收款人：威海松宇机电有限公司 账号 60009643256										
出票金额人民币（大写）壹佰万元整										
实际结算金额人民币（大写）	千	百	十	万	千	百	十	元	角	分

申请人：宏远机械设备公司　　账号或住址：6342896543

出票行：交行南宁高新支行

备　注：货款

代理付款行签章

中国交通银行
南宁市高新支行
★2007.12.12★
业务章

多余金额										科目（借）
千	百	十	万	千	百	十	元	角	分	对方科目（贷） 兑付日期 年 月 日
										复核 记账

此联代理付款行兑付后随报单寄出票行由出票行作余款项贷方凭证

凭证说明

1. 银行汇票是出票银行签发的，由其在见票时按照实际结算金额无条件支付给收款人或者持票人的票据。银行汇票的出票银行为银行汇票的付款人。

2. 银行汇票一式四联，包括：

(1)卡片。由签发行结清汇票时作汇出汇款付出传票。

(2)银行汇票。与第三联解讫通知一并由汇款人自带，在兑付行兑付汇票后此联作联行往来账付出传票。

(3)解讫通知。在兑付行兑付后随保单寄签发行，由签发行作余款收入传票。

(4)多余款通知。在签发行结清后交汇款人。

3. 银行汇票传递流程图

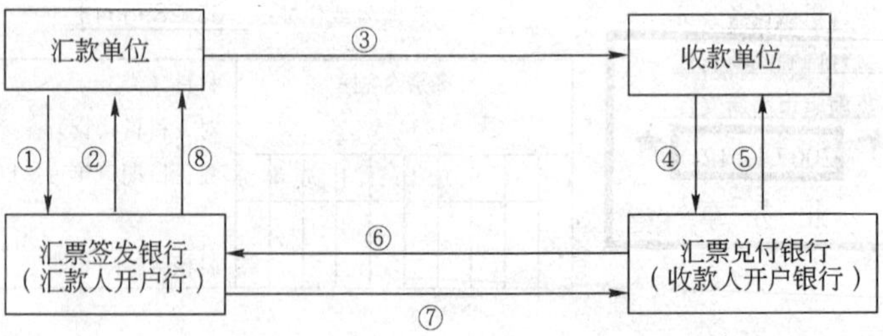

备注：

①在保证账户上有足够的资金的情况下，汇款单位填制《银行汇票委托书》一式三联交开户行；

②汇款人开户行受理后，退回《银行汇票》第二、三联及《银行汇票委托书》存根联（转款凭据）；

③汇款单位在采购时，将《银行汇票》第二、三联交收款单位；

④收款单位填制《进账单》后连同《银行汇票》第二、三联交兑付银行；

⑤汇票兑付银行受理后，退回《进账单》的回单联（收款凭据）；

⑥汇票兑付银行通知汇票签发银行汇票已解付；

⑦汇票签发银行将实际解付款项划转汇票兑付银行；

⑧汇票签发银行通知汇款单位结算汇票，如有余款，交汇款单位《银行汇票》第四联（收回余款凭据）。

47-1

出 库 单

2007 年 12 月 13 日

供货单位：宏远机械设备公司　　　　凭证编号：04566

购货单位：桂阳农机销售公司　　　　仓　　库：1 号

产成品名称	规格	计量单位	数 量	价 格(不含税)	
				单 价	金 额
拖拉机	宏远 2 号	台	120	3 000	360 000
备 注					

第 2 联

仓库保管：尚毅　　　　仓库负责人：黄金丰　　　　记账：朱红

49-1

广西壮族自治区增值税专用发票

450165642　　　　№20303333

发 票 联

（印章：国统一发票监制章 南宁市 国家税务总局监制）

开票日期：　2007 年 12 月 13 日

购货单位	名　　称：	宏远机械设备公司	密码区	略
	纳税人识别号：	450168887540682		
	地 址 、电 话：	南宁市科园路 618 号　3213643		
	开户行及账号：	工商银行南宁科园支行　9356789456		

货物或应税劳务名称	规格型号	单位	数量	单价	金额	税率	税额
柴油机	GNC	台	300	1 580	474 000.00	17%	80 580.00
合　计							

价税合计（大写）　零佰伍拾伍万肆仟伍佰捌拾零元零角零分　（小写）¥ 554 580.00

销货单位	名　　称：	广西龙源机电公司	备注	（印章：广西龙源机电公司 450100000436752 发票专用章）
	纳税人识别号：	450100000436752		
	地 址 、电 话：	南宁市秀厢路 76 号 3328765		
	开户行及账号：	建行路南宁市秀厢路分理处 5878644587		

收款人：　　　复核：钟雨宁　　开票人：陈晓瑾　　销货单位：（章）

国税函（2007）123 号滨海印刷厂

第一联：发票联　购货方记账凭证

50-1

广西壮族自治区 **南宁市服务、娱乐业专用发票**

发票联

发票代码：245010335633

发票号码：23589654

客户名称：宏远机械设备公司　　　　2007 年 12 月 10 日

服务项目	单位	数量	单价	超过万元无效	金额 万	千	百	十	元	角	分
办公室维修费						5	0	0	0	0	0
合计人民币（大写）零万伍仟零佰零拾零元零角零分					¥	5	0	0	0	0	0

南宁市蓝天装饰公司 450134638000623 发票专用章

收款单位（盖章有效）　　开票人：纪群　　收款人：

第二联 发票联

51-1

保险业专用发票

INSURANCE TRADE INVOICE

发票联

INVOICE

开票日期：

Date of Issue　2007 年 12 月 14 日

发票代码：245000731104

发票号码：01441685

付款人：

Payer　宏远机械设备公司

承保险种：

Coverage　交强险

保险单号：　　　　批单号：

Policy No.　ANANAB0CTP08B00756P　　End. No.　无

保险费金额：（大写）　　（小写）：

Premium Amount (In Words) 人民币叁仟壹佰伍拾元整　(In Figures) ¥3 150.00

附注：　备注：另，代收车船使用税 RMB1 080.00，大写：壹千零捌拾元整，

Remarks　保费和车船税合计 4 230.00 元

财务专用章

经手人：　　复核：　　保险公司签章：

Handler　　Checked by　　Stamped by Insurance Company

地址：　　电话：　　（手工无效）

Add.　　Tel.　　Not Valid If In Hand Written

桂 O0713ε 广西飞翔特种印务股份有限公司

第二联 发票联

52-1

工资结算汇总表

2007 年 12 月

部门		人数	岗位工资	薪级工资	各种补贴	奖金	应付工资	代扣款项				实发工资
								水电	房租	个人所得税	小计	
铸造车间	生产工人	20	11 600	4 200	2 600	1 624	20 024	322.70	64	180	566.70	19 457.30
	管理人员	3	2 160	1 050	450	302	3 962	98	23	76	197	3 765.00
	小计	23	13 760	5 250	3 050	1 926	23 986	420.70	87	256	763.70	23 222.30
加工车间	生产工人	42	24 780	9 030	5 460	3 780	43 050	510.30	92	242	844.30	42 205.70
	管理人员	4	2 960	1 420	600	500	5 480	98.40	58	80	236.40	5 243.60
	小计	46	27 740	10 450	6 060	4 280	48 530	608.70	150	322	1 080.70	47 449.30
装配车间	生产工人	65	38 090	14 300	8 775	61 750	122 915	1 097.60	532	312	1 941.60	120 973.40
	管理人员	5	3 750	1 800	750	600	6 900	160	100	120	380	6 520.00
	小计	70	41 840	16 100	9 525	62 350	129 815	1 257.60	632	432	2 321.60	127 493.40
机修车间	机修工人	13	7 280	2 795	1 690	1 170	12 935	283	140	140	563	12 372.00
	管理人员	3	2 130	1 080	450	316	3 976	102	20	150	272	3 704.00
	小计	16	9 410	3 875	2 140	1 486	16 911	385	160	290	835	16 076.00
公司管理人员		35	21 700	10 920	5 250	3 675	41 545	489	216	1 250	1 955	39 590.00
合计		190	114 450	46 595	26 025	73 717	260 787	3 161	1 245	2 550	6 956	253 831.00

55-1

广西壮族自治区社会保险基金专用收款收据 桂 O No 236587

2007 年 12 月 14 日

今收到 宏远机械设备公司 交来 2007 年 12 月社会保险基金

人民币（大写）：柒万伍仟陆佰贰拾捌元贰角叁分 ¥75 628.23

备注： 2007—2008 年版	收款方式	转账

说明：本收款收据适用于社会保险机构征缴社会保险基金的款项：包括单位缴纳的养老保险、医疗保险、失业保险、工伤保险等社会保险基金款项。

社会保险基金收款专用章

收款单位（公章） 财务主管（章）潘晓红 收款人（章）甘甜

收款收据　　　　桂 O No 658321

2007 年 12 月 14 日

<table>
<tr><td>交款单位</td><td>宏远机械设备公司</td><td>收款单位</td><td colspan="10">南宁市住房公积金管理中心</td></tr>
<tr><td rowspan="2">收款项目</td><td rowspan="2">住房公积金</td><td rowspan="2">经办</td><td colspan="2">部门</td><td colspan="8"></td></tr>
<tr><td colspan="2">人员</td><td colspan="8">胡刚</td></tr>
<tr><td rowspan="2">人民币
(大写)</td><td rowspan="2" colspan="2">贰万陆仟零柒拾捌元柒角整</td><td>千</td><td>百</td><td>十</td><td>万</td><td>千</td><td>百</td><td>十</td><td>元</td><td>角</td><td>分</td></tr>
<tr><td></td><td></td><td>¥</td><td>2</td><td>6</td><td>0</td><td>7</td><td>8</td><td>7</td><td>0</td></tr>
<tr><td>结算方式</td><td colspan="12">转账</td></tr>
<tr><td rowspan="2" colspan="2">上述款项收讫无误。
（收款单位盖章）</td><td>会计主管</td><td colspan="3">稽核</td><td colspan="3">出纳</td><td colspan="4">交款人</td></tr>
<tr><td>吴梅</td><td colspan="3">周京</td><td colspan="3">宾良</td><td colspan="4">程栋</td></tr>
</table>

（印章：南宁市住房公积金管理中心 财务专用章）

55-3

行政拨交工会经费缴款书（代支款通知）

2007 年 12 月 14 日

<table>
<tr><td colspan="8">基层工会收款单位</td><td colspan="8">上级工会收款单位</td><td colspan="8">付款单位</td></tr>
<tr><td>名称</td><td colspan="7">宏远机械设备公司工会</td><td>名称</td><td colspan="7">南宁市总工会</td><td>名称</td><td colspan="7">宏远机械设备公司</td></tr>
<tr><td>账号</td><td colspan="7">6342896543</td><td>账号</td><td colspan="7">5456780366</td><td>账号</td><td colspan="7">9356789456</td></tr>
<tr><td>开户
银行</td><td colspan="7">工行南宁科园支行</td><td>开户
银行</td><td colspan="7">工行南宁共和支行</td><td>开户
银行</td><td colspan="7">工行南宁科园支行</td></tr>
<tr><td rowspan="2">60% 收
款金额</td><td>万</td><td>千</td><td>百</td><td>十</td><td>元</td><td>角</td><td>分</td><td rowspan="2">40% 收
款金额</td><td>万</td><td>千</td><td>百</td><td>十</td><td>元</td><td>角</td><td>分</td><td rowspan="2">付款
金额</td><td>万</td><td>千</td><td>百</td><td>十</td><td>元</td><td>角</td><td>分</td></tr>
<tr><td>¥</td><td>3</td><td>1</td><td>2</td><td>9</td><td>4</td><td>4</td><td>¥</td><td>2</td><td>0</td><td>8</td><td>6</td><td>3</td><td>0</td><td>¥</td><td>5</td><td>2</td><td>1</td><td>5</td><td>7</td><td>4</td></tr>
<tr><td>付款
金额</td><td colspan="23">人民币（大写）　伍仟贰佰壹拾伍元柒角肆分</td></tr>
<tr><td colspan="3">所属月份</td><td colspan="3">职工人数</td><td colspan="5">本月职工工资总额</td><td colspan="6">应交 2%工会经费</td><td colspan="3">迟交天数</td><td colspan="4">按 5‰应交滞纳金</td></tr>
<tr><td colspan="3">2007.12</td><td colspan="3">190</td><td colspan="5">260 787</td><td colspan="6">5 215.74</td><td colspan="3"></td><td colspan="4"></td></tr>
<tr><td colspan="11">备注</td><td colspan="13">上列款项已从你单位账户内支付,分别划转有关收款单位账户。
收款单位开户银行盖章</td></tr>
</table>

（印章：中国工商银行 南宁市科园支行 2007.12.14 业务清讫）

此联交付款单位做支款和报销凭证

56-1

宏远机械设备公司
固定资产报废申请单

2007 年 12 月 14 日　　　　编号：001

主管部门	设备科			使用部门	加工车间				
名称及型号	单位	数量	原始价值	已提折旧	净值	预计使用年限	实际使用年限	支付清理费	收回变价收入
Ys 机床	台	1	23 500	17 600	5 900	8	6	280	3 000
购建单位			购建年份	2001. 12. 2			出厂号	№・653-2	
报废原因： 因为主要部件磨损严重影响产品质量，予以报废。									
资产管理部门意见	宏远机械设备公司		公司领导意见	同意报废 李明阳 2007 年 12 月 14 日			部门负责人意见	同意报废 冯方 2007 年 12 月 14 日	

57-1

中国工商银行电汇凭证（收账通知）　4

委托日期　2007 年 12 月 17 日　　　　第　号

汇款人	全　称	广西钦州物资公司	收款人	全　称	宏远机械设备公司
	账　号	45618987654		账　号	6342896543
	汇出地点	广西 省 钦州 市/县		汇入地点	广西 省 南宁 市/县
汇出行名称		工行钦州秀山支行	汇入行名称		交行南宁高新支行
金额	人民币：肆拾捌万伍仟陆佰元整 （大写）			百 十 万 千 百 十 元 角 分	¥ 4 8 5 6 0 0 0 0
汇款用途：付货款		中国工商银行 南宁市科园支行 2007.12.17 业务清讫		汇入行盖章	

此联汇入行给收款人的收款凭证

58-1

山东省增值税专用发票

223165371　　　　发票联　　　　№23152853

开票日期：2007年12月9日

购货单位	名　　称：	宏远机械设备公司	密码区	略
	纳税人识别号：	450168887540682		
	地址、电话：	南宁市科园路618号　3213643		
	开户行及账号：	工商银行南宁科园支行　9356789456		

货物或应税劳务名称	规格型号	单位	数量	单价	金额	税率	税额
柴油机	GNA	台	850	950	807 500.00	17%	137 275.00
合　计							
价税合计（大写）	零佰玖拾肆万肆仟柒佰柒拾伍元零角零分　（小写）¥944 775.00						

销货单位	名　　称：	威海松宇机电有限公司	备注	威海松宇机电有限公司 371000356879564 发票专用章
	纳税人识别号：	371000356879564		
	地址、电话：	威海市汇春路211号　6884280		
	开户行及账号：	工行威海汇春路分理处 60009643256		

收款人：　　复核：张洪亮　　开票人：蒙隆　　销货单位：（章）

国税函（2007）123号新兴印刷厂

第一联：发票联　购货方记账凭证

58-2

公路、内河货物运输业统一发票

发票联

发票代码　621000658791

发票号码　65483217

开票日期：2007-12-09

机打代码 机打号码 机器编码	621000658791 65483217 6590003132325	税控码	略
收货人及纳税人识别码	宏远机械设备公司 450168887540682	承运人及纳税人识别码	山东威海城际运输有限公司 371056245256871
发货人及纳税人识别码	威海松宇机电有限公司 371000356879564	主管税务机关及代码	威海市地方税务局 67123547
运输项目及金额	货物名称　重量　单位运价　金额 柴油机　　　　　　8 000.00	其他项目及金额	备注
运费小计	¥8 000.00	其他费用小计	¥0.00
合计（大写）	捌仟零佰零拾零元零角零分　（小写）¥8 000.00		

承运人盖章（山东威海城际运输有限公司 财务专用章）　　开票人：苏菲

第一联　发票联　付款方记账凭证　（手写无效）

60-1

中国工商银行同城提入贷方凭证（收账通知） 桂 00623348

2007年12月17日　　代理网点号 01500

出票人	全称	南宁市科园废品回收公司	收款人	全称	宏远机械设备公司
	账号	7854326		账号	9356789456
	开户银行	建行南宁科园支行		开户银行	工行南宁科园支行

人民币（大写）	千	百	十	万	千	百	十	元	角	分
叁仟元整				¥	3	0	0	0	0	0

备注	凭证种类： 摘要：	凭证号： 交易类型： 银行章：

中国工商银行 南宁市科园支行 ★ 2007.12.17 ★ 业务清讫

复核（授权）：　　打印

60-2

广西壮族自治区 南宁市服务、娱乐业专用发票

发票代码：245010771361
发票号码：18230127

全国统一发票监制章 发票联 国家税务总局监制

客户名称：宏远机械设备公司　　2007年12月17日

服务项目	单位	数量	单价		万	千	百	十	元	角	分
运费				超过万元无效			2	8	0	0	0
现金付讫											
合计（大写）零万零仟贰佰捌拾元零角零分 人民币						¥	2	8	0	0	0

第二联发票联

南宁市捷达运输公司 450116317720 发票专用章

收款单位（盖章有效）　　开票人：韩致颖　　收款人：

60-3

南宁市科园废品回收公司
收 购 凭 单

收款单位：宏远机械设备公司　　　　　　　　　　2007 年 12 月 17 日

收购货物	计量单位	数量	单位价格	金额							
				十	万	千	百	十	元	角	分
Ys 机床	台	1	3 000			3	0	0	0	0	0
合计（大写）	零拾零万叁仟零佰零拾零元零角零分				¥	3	0	0	0	0	0

收购单位（盖章有效）　　　　　　　　　　开票人：李宝 成

61-1

广西壮族自治区公路养路费、客货运附加费、运输管理费票据

车主：宏远机械设备公司　　　　2007 年 12 月 17 日　　　　No 07 0545723

<table>
<tr><td>车牌号码</td><td colspan="2">桂 A14328</td><td colspan="2">厂牌型号</td><td colspan="3">捷达 JDW5321BSI</td></tr>
<tr><td>使用性质</td><td>非营运</td><td>车辆识别号</td><td colspan="2">LSVAL32J542613</td><td>发动机号</td><td colspan="2">1230045</td></tr>
<tr><td colspan="2">缴费内容</td><td>征收标准</td><td>征收比例</td><td>实收金额</td><td>滞纳金</td><td colspan="2">小计</td></tr>
<tr><td>公路养路费</td><td>0.5 吨</td><td>400.00 元</td><td>100%</td><td>2 400.00</td><td></td><td colspan="2">2 400.00</td></tr>
<tr><td>公路客运附加费</td><td>座</td><td></td><td></td><td></td><td></td><td colspan="2"></td></tr>
<tr><td>公路货运附加费</td><td>吨</td><td></td><td></td><td></td><td></td><td colspan="2"></td></tr>
<tr><td>公路运输管理费</td><td></td><td></td><td></td><td></td><td></td><td colspan="2"></td></tr>
<tr><td>合计金额</td><td colspan="7">（大写）贰仟肆佰元整　　　　（小写）¥2 400.00</td></tr>
<tr><td>缴讫证有效期限</td><td colspan="4">2008 年 1 月 1 日至 2008 年 12 月 31 日</td><td>付款方式</td><td colspan="2">转帐</td></tr>
<tr><td>备注</td><td colspan="4">票号：0545123；“按全额全费”缴费。
广西南宁市厢竹交通征稽所（2）</td><td>车籍单位</td><td colspan="2">厢竹所
编号：91913</td></tr>
</table>

发证单位（章）：南宁交通征费稽查处厢竹征稽所 开票：管 彤　复核：余浩然　收款：

61-2

委托收款凭证(付款通知) 4

委托日期2007年12月17日 第 号

汇款人	全称	宏远机械设备公司	收款人	全称	南宁市公路局
	账号或住址	9356789456		账号或住址	9359879264
	开户银行	工商银行南宁科园支行		开户银行	工行南宁友爱支行
委收金额	人民币:贰仟肆佰元整(大写)		百 十 万 千 百 十 元 角 分		¥ 2 4 0 0 0 0
款项内容	养路费	委托收款凭据名称	养路费票据	附单据张数	1
备注:		款项收妥日期 年 月 日		收款人开户银行盖章	

工商银行南宁市科园支行 ★ 2007.12.17 ★ 业务清讫

单位主管 会计 复核 记账

此联是付款单位开户银行给付款单位的付款通知

66-1

中国交通银行同城提入贷方凭证(收账通知) 桂 006282358

2007年12月17日 代理网点号 01630

出票人	全称	广西翔云农机公司	收款人	全称	宏远机械设备公司
	账号	6543268436		账号	6342896543
	开户银行	建行南宁北湖支行		开户银行	交行南宁高新支行
人民币:伍拾万元整(大写)			千 百 十 万 千 百 十 元 角 分		¥ 5 0 0 0 0 0 0 0
备注	凭证种类: 摘要:		凭证号: 交易类型:		银行章:

中国交通银行 南宁高新支行 2007.12.17

复核(授权): 打印

67-1

交通银行偿还贷款凭证

2007年12月18日

借款单位名称	宏远机械设备公司	贷款账号	4500190427626	结算账号	6342896543
贷款种类	流动资金借款	借款日期	2007年6月18日	还款日期	2007年12月18日
还款金额（大写）	伍拾壹万捌仟柒佰伍拾元整		十万千百十元角分		5 1 8 7 5 0 0 0
上列款项由本单位6342896543账户偿还。		备注：利息壹万捌仟柒佰伍拾元整。			

中国交通银行 南宁高新支行 2007.12.18 清讫

出 库 单

2007年12月18日

供货单位：宏远机械设备公司　　凭证编号：04566

购货单位：兴业农机销售公司　　仓　库：1号

产成品名称	规格	计量单位	数量	价格(不含税) 单价	价格(不含税) 金额
拖拉机	宏远1号	台	110	5 000	550 000
备注					

第2联

仓库保管：尚毅　　仓库负责人：黄金丰　　记账：朱红

70-1

广西壮族自治区建筑业专用发票

发票代码：345010771401

发票号码：01282869

发票联

付款单位：宏远机械设备公司　　2007年12月18日

项目名称	单位	数量	单价	百	十	万	千	百	十	元	角	分
机床安装工程							1	9	0	0	0	0
现金付讫												
人民币合计金额（小写）						¥	1	9	0	0	0	0
合计金额（大写）	零佰零拾零万壹仟玖佰零拾零元零角零分											
备注												

第二联：发票（报销凭证）

收款单位（盖章有效）　　开票人：农华珊　　收款人：

南宁市宏兴安装公司 发票专用章

70-2

项目竣工验收单

单位：元

项目名称	机床安装工程	批准日期	2007年12月11日
项目性质	自用	完成日期	2007年12月18日
合同金额		追加金额	
承包单位	南宁市宏兴安装公司	承包方负责人	黄亿
预算价	214 800.00	决算价	214 822.44
结构类型	其他	建筑面积	
验收意见	经验查，质量达到原设计要求，同意交付使用		
备注：			

验收单位（盖章） 宏远机械设备公司基建科 负责人签章：汤林	施工单位（盖章） 南宁市宏兴安装公司 负责人签章 黄亿	使用单位：宏远机械设备公司 机加工车间 负责人签章 孙桑

(需填固定资产卡片)

71-1

中国交通银行　　III XI00458988

付款期限 壹个月

银行汇票（多余款收账通知）4 第 号

此联代理行结清后交汇款人

出票日期（大写） 贰零零柒 年壹拾贰月壹拾贰日

代理付款行：中国交通银行南宁高新支行

收款人：威海松宇机电有限公司　账号 60009643256										
出票金额人民币（大写）壹佰万元整										
实际结算金额人民币（大写）玖拾伍万贰仟柒佰柒拾伍元整	千	百	十	万	千	百	十	元	角	分
		¥	9	5	2	7	7	5	0	0

申请人：宏远机械设备公司　　账号或住址：2658998

出票行：交行南宁高新支行

备　注：货款

代理付款行签章 中国交通银行 南宁市高新支行 2007.12.12 业务章

多余金额										科目（借） 对方科目（贷） 兑付日期 年 月 日
千	百	十	万	千	百	十	元	角	分	
		¥	4	7	2	2	5	0	0	复核　　记账

74-1

债务重组协议

广西桂中农机公司于 2003 年 12 月 12 日欠宏远机械设备公司货款 156 000 元，还款期限为 2007 年 12 月 12 日。因广西桂中农机公司发生财务困难，无力偿还货款。经协商以一批材料抵偿，广西桂中农机公司转让 GNC 柴油机 80 台，该批材料的市场价为 128 000 元，增值税 21 760 元，价税合计共 149 760 元，债权债务双方均认可上述市场价格。

债权方：宏远机械设备公司
负责人：李明阳
2007 年 12 月 18 日

债务方：广西桂中农机公司
负责人：林立
2007 年 12 月 18 日

74-2

广西壮族自治区增值税专用发票

450175234　　发票联　　№03025644

开票日期：　2007 年 12 月 18 日

购货单位	名　　称：	宏远机械设备公司			密码区	略	
	纳税人识别号：	450168887540682					
	地址、电话：	南宁市科园路 618 号　3213643					
	开户行及账号：	工商银行南宁科园支行　9356789456					
货物或应税劳务名称	规格型号	单位	数量	单价	金额	税率	税额
柴油机	GNC	台	80	1 600	128 000.00	17%	21 760.00
合　计							
价税合计（大写）	零佰壹拾肆万玖仟柒佰陆拾零元零角零分　（小写）¥149 760.00						
销货单位	名　　称：	广西桂中农机公司			备注	广西桂中农机公司 450100000008956 发票专用章	
	纳税人识别号：	450100000008956					
	地址、电话：	南宁市友爱路 44 号　3928432					
	开户行及账号：	农行路南宁市友爱路分理处 6547643210					

收款人：　　复核：许友　　开票人：韦霞　　销货单位：（章）

国税函（2007）123 号滨海印刷厂

第一联：发票联　购货方记账凭证

75-1

出库单

2007年12月19日

供货单位：宏远机械设备公司　　凭证编号：04568

购货单位：湖南湘江农机公司　　仓　　库：1号

产成品名称	规格	计量单位	数量	价格(不含税)	
				单价	金额
拖拉机	宏远2号	台	200	2 950	590 000
备注					

第2联

仓库保管：尚毅　　仓库负责人：黄全丰　　记账：朱红

75-2

中国工商银行　　III XI0000000

付款期限 壹个月

银行汇票　2　第　号

出票日期（大写）贰零零柒年壹拾贰月壹拾叁日

代理付款行：工行洛阳中山支行城东分理处

收款人：宏远机械设备公司　　账号9356789456

出票金额人民币（大写）柒拾万元整

实际结算金额人民币（大写）陆拾陆万陆仟柒佰元整

千	百	十	万	千	百	十	元	角	分
	¥	6	6	6	7	0	0	0	0

申请人：湖南湘江农机公司　　账号或住址：78546879223364

出票行：工行长沙五一支行

备　注：货款

代理付款行签章

中国工商银行 长沙市五一支行 ★ 2007.12.18 ★ 业务清讫

多余金额										科目（借）
										对方科目（贷）
千	百	十	万	千	百	十	元	角	分	兑付日期　年　月　日
		¥	3	3	3	0	0	0	0	复核　　记账

此联代理付款行付款后作联行往账借方凭证附件

79-1

宏远机械设备公司差旅费报销单

2007 年 12 月 20 日

姓名	吴天明			职级别		科长		出差事由		采购材料	
起		止		地点		车船费		住勤补助		住宿费	其他	合计
月	日	月	日	起	止	类别	金额	天数	金额			
12	13	12	14	南宁	北京	火车	509.00	5	300	600	800	2 209.00
12	18	12	19	北京	南宁	火车	518.00					518.00
合计							1 027		300.00	600	800	2 727.00
报销金额	人民币(大写)贰仟柒佰贰拾柒元整 ¥2 727.00											
原借款	¥3 000.00		报销金额		¥2 727.00		应退还	¥273.00		应找补		
财会审核	已审核 李林 07.12.20				单位负责人审核		同意报销 李明阳 2007.12.20					

主管： 会计： 出纳： 出差人：陈东

82-1

保 险 业 专 用 发 票
INSURANCE TRADE INVOICE
发 票 联
INVOICE

开票日期：
Date of Issue 2007 年 12 月 20 日

发票代码：245000855537
发票号码：03256874

桂 O07138 广西飞翔特种印务股份有限公司

付款人：
Payer 宏远机械设备公司

承保险种：
Coverage 财产险

保险单号：
Policy No. ININCD201020041030104N

批单号：
End. No. 无

保险费金额：（大写）
Premium Amount (In Words) 人民币陆仟元整

（小写）：
(In Figures) ¥6 000.00

附注：
Remarks 备注： 保费有效期限 2008 年 1 月 1 日至 2008 年 12 月 31 日

财务专用章

第二联 发票联

经手人：王为
Handler

复核：郑 珊
Checked by

保险公司签章：
Stamped by Insurance Company

地址：
Add.

电话：
Tel.

（手工无效）
Not Valid If In Hand Written

83-1

租 赁 协 议

承租方：宏远机械设备公司

出租方：广西国泰租赁公司

宏远机械设备公司从国泰租赁公司租精密机床一台，型号为 HM260。租赁开始日为 2007 年 12 月 20 日，租赁期间为 2007 年 12 月 20 日至 2011 年 12 月 20 日，自 2008 年至 2011 年于每年的 12 月 20 日支付租金 150 000 元，该机床在 2007 年 12 月 20 日的公允价值为 500 000 元，租赁期满时，宏远机械设备公司享有优惠购买该设备的选择权。购买价为 100 元，确定年利率为 7%。

（印章：宏远机械设备公司）　（印章：广西国泰租赁公司）

承租单位：宏远机械设备公司	出租单位：广西国泰租赁公司
（盖　章）	（盖　章）
单位负责人：李明阳	单位负责人：余得利
时　　间：2007.12.20	时　　间：2007.12.20

83-2

广西壮族自治区 南宁市服务、娱乐业专用发票

发票代码：245010356231
发票号码：58009651

（印章：全国统一发票监制章 广西 国家税务总局监制）

发票联

客户名称：宏远机械设备公司　　　　2007 年 12 月 20 日

服务项目	单位	数量	单价	超过万元无效	金额 万	千	百	十	元	角	分
租赁手续费						1	0	0	0	0	0
	现金付讫										
合计 人民币（大写）零万壹仟零佰零拾零元零角零分					¥	1	0	0	0	0	0

第二联　发票联

（印章：南宁市南方律师事务所 450380220061231 发票专用章）

收款单位（盖章有效）　　开票人：何时宇　　收款人：

86-1

中国工商银行存（贷）款利息回单

币种：人民币（本位币） 单位：元 2007年12月20日

付款人	户 名	宏远机械设备公司	收款人	户 名	521001
	账 号	9356789456		账 号	2102109011500021222
实收（付）金额		68,456.50	计息账号		2102109011500021222
借据编号		*MLDX2102228756213*	借据序号		*ISDN45010000231*

备注	起息日期	止息日期	积数/息余	利率	利息
	2007-09-21	2007-12-20	262 260 000.00	7.56%	68 456.50
	调整利息： 0.00		冲正利息： 0.00		
	应收（付）利息合计：¥68 456.50				

中国工商银行 南宁市科园支行 ★ 业务清讫

银行章： 经办人：

87-1

中国交通银行计收利息清单（付款通知）

2007年12月20日

户 名	宏远机械设备公司	付款账号	6342896543
计息起止时间	2007年9月21日至2007年12月20日		
贷款账号	计息积数	利率	利息金额
6342896543	92 260 354.00	6.57%	35 604.50

中国交通银行 南宁高新支行 2007.12.20 转讫

你单位上述应偿借款利息

已从你单位账户划出。 复核：

88-1

中国工商银行存（贷）款利息回单

币种：人民币（本位币） 单位：元 2007年12月20日

付款人	户 名	521002	收款人	户 名	宏远机械设备公司
	账 号	2102109011500021333		账 号	9356789456
实收（付）金额		5 877.30	计息账号		9356789456
借据编号			借据序号		

备注	起息日期	止息日期	积数/息余	利率	利息
	2007-09-21	2007-12-20	64 116 000	3.3%	5877.30
	调整利息： 0.00		冲正利息： 0.00		
	应收（付）利息合计：¥5 877.30				

中国工商银行 南宁市科园支行 ★ 2007.12.20 ★ 业务清讫

银行章： 经办人：

88-2

中国交通银行计付利息清单（收款通知）

2007 年 12 月 20 日

户　　名	宏远机械设备公司	收款账号	6342896543
计息起止时间	2007 年 9 月 21 日至 2007 年 12 月 20 日		
存款账号	计息积数	利率	利息金额
6342896543	31 378 363.64	3.3%	2 876.35

中国交通银行 南宁高新支行 2007.12.20 转讫

你单位上述应收存款利息
已划入你单位账户。　　　　复核：梁文

90-1

特约委托收款凭证　　4

委托日期 2007 年 12 月 21 日　　第　号

汇款人	全　称	宏远机械设备公司	收款人	全　称	南宁方园电信局
	账　号	9356789456		账　号	9658447952
	开户银行	工商银行南宁科园支行		开户银行	工行南宁北湖支行

委收金额	人民币：壹万零捌佰叁拾叁元整（大写）	百	十	万	千	百	十	元	角	分
			¥	1	0	8	3	3	0	0

款项内容	12 月份电话费	合同号码	003826-10056	附单据张数	1

备注： 3866888 等 11 部电话费用。 基数 165　市话 2721 国内 7596　国际 其他 351　手续	南宁方园电信局 委托收款 专用章 收款人盖章	根据协议上列示项已由付款单位账户付出。 中国工商银行 南宁市科园支行 2007.12.21 业务清讫 付款人开户银行盖章

单位主管　　会计　　复核　　记账

此联是付款单位开户银行给付款单位的付款通知

91-1

中国建设银行电汇凭证(收账通知) 4

委托日期 2007 年 12 月 20 日 第 号

汇款人	全 称	桂阳农机销售公司	收款人	全 称	宏远机械设备公司
	账 号	400315786115		账 号	9356789456
	汇出地点	广西 省 桂林 市/县		汇入地点	广西 省 南宁 市/县
汇出行名称		建行桂林中山支行	汇入行名称		工行南宁科园支行
金额	人民币：肆拾壹万贰仟捌佰元整（大写）				百 十 万 千 百 十 元 角 分 ¥ 4 1 2 8 0 0 0 0
汇款用途：付货款					汇入行盖章 中国工商银行 南宁市科园支行 ★ 2007.12.21 ★ 业务清讫
上述款项已根据委托办理，如须查询，请持此回单来面洽					

此联汇入行给收款人的收款凭证

92-1

广西壮族自治区增值税专用发票

450175681 发票联 №03045632

（全国统一发票监制章 广西 国家税务总局监制）

开票日期： 2007 年 12 月 21 日

购货单位	名 称：	宏远机械设备公司			密码区	略	
	纳税人识别号：	450168887540682					
	地 址 、电 话：	南宁市科园路 618 号 3213643					
	开户行及账号：	工商银行南宁科园支行 9356789456					

货物或应税劳务名称	规格型号	单位	数量	单价	金额	税率	税额
齿轮	CL306	套	2 000	25	50 000.00	17%	8 500.00
链条	LT115	套	700	12	8 400.00		1 428.00
轴承	HY206	套	2 000	5.6	11 200.00		1 904.00
合 计					69 600.00		11 832.00
价税合计（大写）	零佰零拾捌万壹仟肆佰叁拾贰元零角零分 （小写）¥81 432.00						
销货单位	名 称：南宁东盛五金机电公司				备注	南宁东盛五金机电公司 450100000065231 发票专用章	
	纳税人识别号：4501000000652314						
	地 址 、电 话：南宁市衡阳路 77 号 3992297						
	开户行及账号：农行南宁市衡阳路分理处 4568721358						

收款人： 复核：程宇 开票人：李昊阳 销货单位：（章）

国税函（2007）123 号滨海印刷厂

第一联：发票联 购货方记账凭证

93-1

责令进行行政处罚通知书

南环字（2）第123号

宏远机械设备公司：

你单位的污水排放超过规定的排放标准，根据《中华人民共和国环境保护法》第三十七条的规定，现责令你单位重新配置排污设备，按规定标准排放污水，并处以罚款壹万元整。

南宁市环保局

2007年12月19日

注：本通知一式四份

93-2

特约委托收款凭证　　4

委托日期2007年12月21日　　　　第　　号

汇款人	全称	宏远机械设备公司	收款人	全称	南宁市环保局
	账号	9356789456		账号	96586954325
	开户银行	工商银行南宁科园支行		开户银行	工行南宁民族支行
委收金额	人民币：壹万元整（大写）				
款项内容	罚款	合同号码		附单据张数	1
备注：		收款人盖章		根据协议上列示项目由付款单位账户付出。 中国工商银行 南宁市科园支行 2007.12.21 业务清讫 付款人开户银行盖章	

百	十	万	千	百	十	元	角	分
	¥	1	0	0	0	0	0	0

单位主管　　会计　　复核　　记账

此联是付款单位开户银行给付款单位的付款通知

93-3

广西壮族自治区行政事业收款收据　　桂 O No3628543

2007 年 12 月 21 日

今收到 宏远机械设备公司　交来 污水超标排放罚款 款项		
人民币：(大写) 零 拾 壹万 零 仟 零 佰 零 拾 零 元 零 角 零 分。此据。 ¥ 10 000.00		
备 注		2007—2008 年版
收款单位（公章）	财务主管（章）潘晓红	收款人（章）甘蓓
说明：本收款收据适用于行政事业单位收取属于行政事业性收费的款项。		

第二联 收据

委收号码：

95-1

付款期限 年 月 日

同城 委托收款 凭证（付款通知） 5　　第 号

委托日期： 2007 年 12 月 24 日

付款人			收款人		
	全称	宏远机械设备公司		全称	南宁市供电局
	账号或地址	9356789456		账号	0022100001022
	开户银行	工商银行南宁科园支行		开户银行	工商银行江南分理处

委收金额	人民币（大写）：贰万陆仟伍佰陆拾玖元捌角柒分	百	十	万	千	百	十	元	角	分
			¥	2	6	5	6	9	8	7
款项内容	12 月电费									

备注：	合同号码：C056328	付款单位注意： 1. 根据结算办法，上列委托收款，如在付款期限内未拒付时，即视同全部同意付款，以此联代付款通知。 2. 如需提前付款或多付款时，应另写书面通知送银行办理。 3. 如系全部或部份拒付，应在付款期内另填拒付款理由书送银行办理。

中国工商银行 南宁市科园支行 ★ 2007.12.24 ★ 业务清讫

此联付款人开户银行缴带付款人按期付款的通知

95-2

南宁供电局委托银行代收电费收据

单位全称：宏远机械设备公司

地址：南宁市科园路618号　　日期：2007年12月24日　　户号:19620835

类别	本月抄见	电量(KW.H)	电费单价	电费(元)	燃机附加	新电还本(元)	电建基金(元)
生活电	13650	3280	0.67	2197.60	0.00	0.00	0.00
合计				¥2 197.60	附件		
说明:1.用户更改全称、帐号请及时通知本局用电管理所 2.如因存款不足而托收不到电费者，加收迟纳金，或停止供电				南宁供电局委托收款专用章	手续费：（元）迟纳金（元） 总应收金额：2 197.60（元）		

95-3

广西壮族自治区增值税专用发票

450172843　　发票联　　**№05065234**

全国统一发票监制章 广西 国家税务总局监制

开票日期：2007年12月24日

购货单位	名称：	宏远机械设备公司				密码区	略
	纳税人识别号：	450168887540682					
	地址、电话：	南宁市科园路618号 3213643					
	开户行及账号：	工商银行南宁科园支行 9356789456					

货物或应税劳务名称	规格型号	单位	数量	单价	金额	税率	税额
电费					20 831.00	17%	3 541.27
合计							
价税合计（大写）	零佰零拾贰万肆仟叁佰柒拾贰元贰角柒分　（小写）¥24 372.27						

销货单位	名称：	南宁市供电局	备注	南宁市供电局 450100000001838 发票专用章
	纳税人识别号：	450100000001838		
	地址、电话：	南宁市星光大道112号 4992286		
	开户行及账号：	工行南宁市江南分理处 0022100001022		

收款人：　　复核：蒙宇阳　　开票人：覃汉　　销货单位：（章）

国税函（2007）123号滨海印刷厂

第一联：发票联 购货方记账凭证

96-1

委收号码：

付款期限　　年　月　日

同城　委托收款　凭证（付款通知）　5　　第　　号

此联付款人开户银行缴带付款人按期付款的通知

委托日期：2007年12月24日

付款人	全　称	宏远机械设备公司	收款人	全　称	南宁市陈村供水有限公司
	账号或地址	9356789456		账　号	007264000202
	开户银行	工商银行南宁科园支行		开户银行	工商银行江南分理处

委收金额	人民币（大写）：壹万贰仟零捌拾伍元贰角整	百	十	万	千	百	十	元	角	分
			¥	1	2	0	8	5	2	0

款项内容	12月水费	
备注：	合同号码：A632541	付款人注意： 1. 根据结算办法，上列委托收款，如在付款期限内未拒付时，即视同全部同意付款，以此联代付款通知。 2. 如需提前付款或多付款时，应另写书面通知送银行办理。 3. 如系全部或部份拒付，应在付款期内另填拒付款理由书送银行办理。

中国工商银行 南宁市科园支行 2007.12.24 业务清讫

96-2

南宁市陈村供水有限公司水费发票

广西南宁 国家税务局监制

№137592

日期2007年12月24日

户名	宏远机械设备公司		
户号	0026846	结算方式	托收
地址	南宁市科园路618号		

计费项目	数量	单价	金额
厂部用水	6 324	1.3	8 221.20
职工宿舍生活用水	3 864	1.0	3 864.00

南宁市陈村供水有限公司 450121200900273 发票专用章

业务		金额合计	¥12 085.20
大写	壹万贰仟零捌拾伍元贰角整		

收款单位：　　　　收款员：冯蓉

第二联：发票（报销凭证）　手写无效

98-1

广西壮族自治区南宁市货物销售统一发票

发票代码：145010821213
发票号码：00005231

发 票 联

南市国税 发印字（2008）第7号 广西瑞熙特种票证印务有限公司承印

客户名称：宏远机械设备公司　　开票日期：　2007年12月24日

货物名称	规格	单位	数量	单价		金额					
						千	百	十	元	角	分
茶叶		盒	2	80	满万元无效		1	6	0	0	0
现金付讫											
金额（大写）零仟壹佰陆拾零元零角零分						¥	1	6	0	0	0

（印章：益茶叶专卖店 4501168211163212 发票专用章）

开票单位：（未盖章无效）　开票人：张子杰　收款人：覃红梅

第二联：发票(报销凭证)

98-2

广西壮族自治区南宁市货物销售统一发票

发票代码：14010756213
发票号码：385214562

发 票 联

南市国税 发印字（2008）第7号 广西瑞熙特种票证印务有限公司承印

客户名称：宏远机械设备公司　　开票日期：　2007年12月24日

货物名称	规格	单位	数量	单价		金额					
						千	百	十	元	角	分
彩纸		张	20	3	满万元无效			6	0	0	0
水彩		瓶	3	5				1	5	0	0
现金付讫											
金额（大写）零仟零佰柒拾伍元零角零分							¥	7	5	0	0

（印章：华文具 4501211686246 发票专用章）

开票单位：（未盖章无效）　开票人：肖 珊　收款人：秦小萍

第二联：发票(报销凭证)

99-1

广西壮族自治区 南宁市娱乐、服务业发票

发票代码：245010671401

发 票 联

发票号码：04742079

桂 A0416 广西瑞熙特种票证印务有限公司承印

客户名称：宏远机械设备公司　　2007年12月24日

服务项目	单位	数量	单价		金额					
					千	百	十	元	角	分
设备检测费	次	1	1 000	满万元无效	1	0	0	0	0	0
	现金付讫									
金额（大写）壹仟零佰零拾零元零角零分					1	0	0	0	0	0

（印章：南宁达能特种设备维护公司 4501000000776 发票专用章）

开票单位：（未盖章无效）　开票人：蒙 秦　收款人：

第二联：发票联（报销凭证）

100-1

出 库 单

2007 年 12 月 24 日

供货单位：宏远机械设备公司　　　　凭证编号：04569

购货单位：柳兴物资公司　　　　仓　　库：1 号仓库

产成品名称	规格	计量单位	数　量	价　格(不含税)	
				单 价	金 额
拖拉机	宏远 2 号	台	150	3 000	450 000
备 注					

第 2 联

保管：尚毅　　仓库负责人：黄金丰　　记账：朱红

101-1

广西增值税专用发票

450172866　　　　№02063421

发 票 联

开票日期：2007 年 12 月 24 日

购货单位	名　称：宏远机械设备公司 纳税人识别号：450168887540682 地址、电话：南宁市科园路 618 号　3213643 开户行及账号：工商银行南宁科园支行　9356789456	密码区	略				
货物或应税劳务名称	规格型号	单位	数量	单价	金额	税率	税额
工具一批 （附销货清单）					96 990.00	17%	16 488.30
合　计							
价税合计（大写）	零佰壹拾壹万叁仟肆佰柒拾捌元叁角零分　（小写）¥113 478.30						
销货单位	名　称：南宁市万达五金机电公司 纳税人识别号：450100000083206 地址、电话：南宁市衡阳路 72 号 3366554 开户行及账号：工行南宁市衡阳路分理处 0450100008356	备注	南宁市万达五金机电公司 450100000083206 发票专用章				

收款人：　　复核：韦宏　　开票人：赖特　　销货单位：（章）

第一联：发票联　购货方记账凭证

国税函（2007）123 号滨海印刷厂

101-2

国税函〔2006〕133号滨海印刷厂

广西增值税应税货物或劳务销货清单 桂（01）No.000865

增值税应税货物或劳务销货清单

国家税务总局监制

购货单位名称：宏远机械设备公司

销货单位名称：南宁市万达五金机电公司

所属增值税专用发票代码：02063421　　　　共1页

序号	货物（劳务）名称	规格型号	单位	数量	单价	金额	税率	税额
1	螺丝螺帽		箱	500	135	67 500.00	17%	11 475.00
2	扳手		把	20	15	300.00		51.00
3	液压扭矩扳手		套	10	500	5 000.00		850.00
4	液压千斤顶		套	10	800	8 000.00		1 360.00
5	安全钳		把	20	12	240.00		40.80
6	钻头		把	10	25	250.00		42.50
7	蓄电池		台	10	520	5 200.00		884.00
8	电焊条		千克	300	5	1 500.00		255.00
9	链条	LT216	套	300	30	9 000.00		1 530.00
小计						96 990.00		16 488.30
总计						96 990.00		16 488.30
备注								

南宁市万达五金机电公司 发票专用章

销货单位（章）4501000083206　　开票日期：2007年12月12日　　国家税务总局印制

102-1

中国工商银行同城提入贷方凭证（收账通知） 桂 00623596

2007年12月24日　　　　代理网点号 01500

出票人	全称	南宁长远物资公司	收款人	全称	宏远机械设备公司
	账号	9234569003		账号	9356789456
	开户银行	工行南宁北湖分理处		开户银行	工行南宁科园支行

人民币（大写）	千	百	十	万	千	百	十	元	角	分
贰拾伍万捌仟叁佰零壹元整		¥	2	5	8	3	0	1	0	0

备注：

凭证种类：　　　　凭证号：

摘要：　　　　交易类型：

中国工商银行南宁市科园支行 2007.12.24 业务清讫

银行章：

复核（授权）：　　　　打印：

104-1

出　库　单

2007 年 12 月 24 日

供货单位：宏远机械设备公司　　　　凭证编号：04569

购货单位：明远农机公司　　　　仓　　库：1 号

产成品名称	规格	计量单位	数　量	价　格(不含税)	
				单 价	金 额
拖拉机	宏远 1 号	台	10	5 000	50 000
拖拉机	宏远 2 号	台	5	3 000	15 000
备 注					65 000

第 2 联

仓库保管：尚毅　　　　仓库负责人：黄金丰　　　　记账：朱红

104-2

中国工商银行同城提入贷方凭证（收账通知）　桂　00623596

2007 年 12 月 24 日　　　　代理网点号　01500

出票人		收款人	
全　　称	明远农机公司	全　　称	宏远机械设备公司
账　　号	9856386247	账　　号	9356789456
开户银行	工行南宁江南分理处	开户银行	工行南宁科园支行

人民币（大写）：柒万叁仟肆佰伍拾元整	千	百	十	万	千	百	十	元	角	分
			¥	7	3	4	5	0	0	0

备注：

凭证种类：　　　　凭 证 号：

摘要：　　　　交易类型：

银行章：

中国工商银行
南宁市科园支行
2007.12.24
业务清讫

复核（授权）：　　　　打印：

106-1

广西壮族自治区 南宁市控税收款机专用发票

地税

发票代码：245010671401

发票号码：05303114

顾客名称： 宏远机械设备公司

开票日期：*2007. 12. 25*

发票号码：05303114

收款机号：80464001

税务证号：450100788443439

开票单位：*南宁市聚贤楼饭店*

餐饮费 ¥11 556.*00元*

总计：¥11 556.*00*

大写：零拾壹万壹仟伍佰伍拾陆元零角零分

电话：07713842507 开票员：收款员壹

报销凭据

注：盖章与开票单位一致有效。

除顾客名称外手写无效。

桂 A06065 广西瑞熙特种票证印务有限公司承印

107-1

中国工商银行手续收费凭证(付出传票)

2007年12月26日

缴款单位名称	账号	电汇笔数：
宏远机械设备公司	9356789456	异地托收笔数：

手续费金额						
千	百	十	元	角	分	
¥	2	6	5	3	0	

人民币（**大写**） 贰佰陆拾伍元叁角整

中国工商银行 南宁市科园支行 ★ 2007.12.26 ★ 业务清讫

收款银行盖章

2007年12月26日

107-2

中国交通银行手续收费凭证(付出传票)

2007 年 12 月 26 日

缴款单位名称		宏远机械设备公司	账号	6342896543
项　目	次数	手续费	中国交通银行 南宁市高新支行 ★ 2007.12.26 ★ 业 务 章 收款银行盖章 2007 年 12 月 26 日	
电　　汇		15		
银行汇票		12		
商业汇票		25		
异地托收		23		
委托收款		12		
合　计	¥87.00			
人民币：（大写）捌拾柒元整				

108-1

广西壮族自治区增值税专用发票

450172866　　　　发 票 联　　　　№02063421

（全国统一发票监制章 广西 国家税务总局监制）

开票日期：　2007 年 12 月 27 日

购货单位	名　称：宏远机械设备公司 纳税人识别号：450168887540682 地 址、电 话：南宁市科园路 618 号　3213643 开户行及账号：工商银行南宁科园支行　9356789456					密码区	略	
货物或应税劳务名称	规格型号	单位	数量	单价	金额	税率	税额	
加工费					1 830.00	17%	311.00	
合　计								
价税合计（大写）	零佰零拾零万贰仟壹佰肆拾壹元零角零分　（小写）¥2 141.00							
销货单位	名　称：南宁桂达五金厂 纳税人识别号：450100000077662 地 址、电 话：南宁市安吉路 126 号 3136554 开户行及账号：工行南宁市安吉路分理处 0501000073516					备注	南宁桂达五金厂 450100000077662 发票专用章	

收款人：　　复核：郭兵　　开票人：何佳　　销货单位：（章）

国税函〔2007〕123 号滨海印刷厂

第一联：发票联　购货方记账凭证

111-1

材料盘点报告表

材料类别：其他材料　　盘点日期　2007 年 12 月 27 日　　材料仓库：油漆库

材料名称	计量单位	数量		计划单价	盘盈		盘亏		盘亏原因
		账存	实存		数量	金额	数量	金额	
油漆	千克	1 170	640	12			530	6 360	火灾

会计主管：李洪　　仓管人员：尚毅　　会　计：方振宇　　制表：黎明

111-2

宏远机械设备公司

固定资产报废申请单

申请日期：2007 年 12 月 27 日　　编号：(07) 001

主管部门		生产部			使用部门		加工车间		
名称及型号	单位	数量	原始价值	已提折旧	净值	预计使用年限	实际使用年限	支付清理费	收回变价收入
油漆仓库	座	1	53 500	32 100	21 400	10	6	1 500	
购建单位				购建年份		2001.12.2	出厂号		
报废原因：因为意外引起油漆起火,导致仓库烧毁报废。									
资产管理部门意见	同意报废。生产部 2007.12.27		公司领导意见	同意报废。李明阳 2007.12.27		部门负责人意见	同意报废。冯方 2007.12.27		

111-3

广西壮族自治区 南宁市娱乐、服务业发票　　发票代码：345010601325

发　票　联　　发票号码：742221079

客户名称：宏远机械设备公司　　2007 年 12 月 24 日

服务项目	单位	数量	单价		金额					
					千	百	十	元	角	分
运输费				满万元无效	1	5	0	0	0	0
南宁顺达运输服务公司 4501002345233 发票专用章　现金付讫										
金额（大写）壹仟伍佰零拾零元零角零分					1	5	0	0	0	0

第二联：发票联（报销凭证）

桂A04016广西瑞熙特种票证印务有限公司承印

开票单位：（未盖章无效）　　开票人：王保忠　　收款人：

111-4

中国工商银行同城提入贷方凭证（收账通知） 桂 00623596

2007年12月28日 代理网点号 01500

出票人	全称	中国人民保险公司南宁分公司	收款人	全称	宏远机械设备公司
	账号	8352789357		账号	9356789456
	开户银行	工商银行南宁科园支行		开户银行	工行南宁科园支行

人民币（大写）：壹万元整	千	百	十	万	千	百	十	元	角	分
			¥	1	0	0	0	0	0	0

备注	凭证种类： 摘要：支付固定资产意外损失保险赔偿金	凭证号： 交易类型： 银行章：

中国工商银行 南宁市科园支行 ★ 2007.12.28 ★ 业务清讫

复核（授权）： 打印：

111-5

中国人民保险公司南宁分公司
出险损失计算书

2007年12月28日

赔案编号	200715896	被保险人	宏远机械设备公司		
保险单号码	0210015	通知单号			
批单号次		保品			
保险金额		承保条件			
保险期限	2007年1月1日 至12月31日止	运输工具 名称及吨位		号次	
出险日期		起讫地点	自	经	到
出险地点	宏远机械设备公司				

赔款原因：根据中华人民共和国财产保险合同条例有关规定及事故单位0210015号投保单，我公司调查后支付保险金10000元，其余由事故单位自行负责。

共计人民币（大写）：壹万元整	证明文件 中国人民保险公司南宁分公司 中国人民保险公司章 2007年12月

核定：王云 审核：刘力 编制：李叁

112-1

南宁市安扬农机贸易有限公司
产品代销清单

日期	产品名称	销售数量	销售金额	手续费
2007.12.30	宏远 1 号拖拉机	80	400 000.00	20 000.00
2007.12.30	宏远 2 号拖拉机	120	360 000.00	18 000.00
合计			760 000.00	38 000.00

代销公司：（盖章） 制表人：刘明达

112-2

中国工商银行同城提入贷方凭证（收账通知） 桂 00623596

2007 年 12 月 30 日 代理网点号 01500

出票人	全称	南宁市安扬农机贸易公司	收款人	全称	宏远机械设备公司
	账号	2036547213		账号	9356789456
	开户银行	工商银行南宁江南分理处		开户银行	工行南宁科园支行
人民币（大写）	捌拾贰万零捌佰元整			千百十万千百十元角分	¥820 800.00
备注	凭证种类： 摘要：	凭证号： 交易类型：		银行章：	

复核（授权）： 打印：

四、空白凭证、计算表、科目汇总表、会计报表、纳税申报表

1. 转账支票 18 张

中国工商银行

转账支票存根

NO

科　　目

对方科目

出票日期　　年　月　日

收款人：	
金　额：	
用　途：	

单位主管　　会计

本支票付款期十天

中国工商银行转账支票

签发日期：　　年　　月　　日　开户行名称

收款人：　　出票人账号

人民币（大写）	千	百	十	万	千	百	十	元	角	分

用途 ____________　　科目

上列款项请从我账户支付　　对方科目

转账日期　　年　　月　　日

出票人签章　　复核　　记账

中国工商银行

转账支票存根

NO

科　　目

对方科目

出票日期　　年　月　日

收款人：	
金　额：	
用　途：	

单位主管　　会计

本支票付款期十天

中国工商银行转账支票

签发日期：　　年　　月　　日　开户行名称

收款人：　　出票人账号

人民币（大写）	千	百	十	万	千	百	十	元	角	分

用途 ____________　　科目

上列款项请从我账户支付　　对方科目

转账日期　　年　　月　　日

出票人签章　　复核　　记账

中国工商银行

中国工商银行转账支票

转账支票存根
NO
科 目
对方科目
出票日期 年 月 日

收款人：
金 额：
用 途：

单位主管 会计

本支票付款期十天

签发日期： 年 月 日 开户行名称
收款人： 出票人账号

人民币（大写）	千	百	十	万	千	百	十	元	角	分

用途 ____________ 科目
上列款项请从我账户支付 对方科目
转账日期 年 月 日
出票人签章 复核 记账

中国工商银行

中国工商银行转账支票

转账支票存根
NO
科 目
对方科目
出票日期 年 月 日

收款人：
金 额：
用 途：

单位主管 会计

本支票付款期十天

签发日期： 年 月 日 开户行名称
收款人： 出票人账号

人民币（大写）	千	百	十	万	千	百	十	元	角	分

用途 ____________ 科目
上列款项请从我账户支付 对方科目
转账日期 年 月 日
出票人签章 复核 记账

中国工商银行

中国工商银行转账支票

转账支票存根
NO
科 目
对方科目
出票日期 年 月 日

收款人：
金 额：
用 途：

单位主管 会计

本支票付款期十天

签发日期： 年 月 日 开户行名称
收款人： 出票人账号

人民币（大写）	千	百	十	万	千	百	十	元	角	分

用途 ____________ 科目
上列款项请从我账户支付 对方科目
转账日期 年 月 日
出票人签章 复核 记账

中国工商银行

中国工商银行转账支票

转账支票存根
NO
科　目
对方科目
出票日期　年　月　日

收款人:	
金　额:	
用　途:	

本支票付款期十天

签发日期:　年　月　日　开户行名称
收款人:　出票人账号

人民币（大写）	千	百	十	万	千	百	十	元	角	分

用途 ____________　科目
上列款项请从我账户支付　对方科目
转账日期　年　月　日

单位主管　会计　出票人签章　复核　记账

中国工商银行

中国工商银行转账支票

转账支票存根
NO
科　目
对方科目
出票日期　年　月　日

收款人:	
金　额:	
用　途:	

本支票付款期十天

签发日期:　年　月　日　开户行名称
收款人:　出票人账号

人民币（大写）	千	百	十	万	千	百	十	元	角	分

用途 ____________　科目
上列款项请从我账户支付　对方科目
转账日期　年　月　日

单位主管　会计　出票人签章　复核　记账

中国工商银行

中国工商银行转账支票

转账支票存根
NO
科　目
对方科目
出票日期　年　月　日

收款人:	
金　额:	
用　途:	

本支票付款期十天

签发日期:　年　月　日　开户行名称
收款人:　出票人账号

人民币（大写）	千	百	十	万	千	百	十	元	角	分

用途 ____________　科目
上列款项请从我账户支付　对方科目
转账日期　年　月　日

单位主管　会计　出票人签章　复核　记账

中国工商银行

中国工商银行转账支票

转账支票存根

NO

科　目

对方科目

出票日期　年　月　日

收款人：

金　额：

用　途：

单位主管　会计

本支票付款期十天

签发日期：　年　月　日　开户行名称

收款人：　出票人账号

人民币（大写）	千	百	十	万	千	百	十	元	角	分

用途 ____________　科目

上列款项请从我账户支付　对方科目

转账日期　年　月　日

出票人签章　复核　记账

中国工商银行

中国工商银行转账支票

转账支票存根

NO

科　目

对方科目

出票日期　年　月　日

收款人：

金　额：

用　途：

单位主管　会计

本支票付款期十天

签发日期：　年　月　日　开户行名称

收款人：　出票人账号

人民币（大写）	千	百	十	万	千	百	十	元	角	分

用途 ____________　科目

上列款项请从我账户支付　对方科目

转账日期　年　月　日

出票人签章　复核　记账

中国工商银行

中国工商银行转账支票

转账支票存根

NO

科　目

对方科目

出票日期　年　月　日

收款人：

金　额：

用　途：

单位主管　会计

本支票付款期十天

签发日期：　年　月　日　开户行名称

收款人：　出票人账号

人民币（大写）	千	百	十	万	千	百	十	元	角	分

用途 ____________　科目

上列款项请从我账户支付　对方科目

转账日期　年　月　日

出票人签章　复核　记账

中国工商银行

中国工商银行转账支票

转账支票存根
NO
科　　目
对方科目
出票日期　　年　月　日

收款人：
金　额：
用　途：

单位主管　　会计

本支票付款期十天

签发日期：　　年　月　日　开户行名称
收款人：　　出票人账号

人民币（大写）	千	百	十	万	千	百	十	元	角	分

用途 ____________　　科目
上列款项请从我账户支付　　对方科目
转账日期　　年　月　日
出票人签章　　复核　　记账

中国工商银行

中国工商银行转账支票

转账支票存根
NO
科　　目
对方科目
出票日期　　年　月　日

收款人：
金　额：
用　途：

单位主管　　会计

本支票付款期十天

签发日期：　　年　月　日　开户行名称
收款人：　　出票人账号

人民币（大写）	千	百	十	万	千	百	十	元	角	分

用途 ____________　　科目
上列款项请从我账户支付　　对方科目
转账日期　　年　月　日
出票人签章　　复核　　记账

中国工商银行

中国工商银行转账支票

转账支票存根
NO
科　　目
对方科目
出票日期　　年　月　日

收款人：
金　额：
用　途：

单位主管　　会计

本支票付款期十天

签发日期：　　年　月　日　开户行名称
收款人：　　出票人账号

人民币（大写）	千	百	十	万	千	百	十	元	角	分

用途 ____________　　科目
上列款项请从我账户支付　　对方科目
转账日期　　年　月　日
出票人签章　　复核　　记账

中国工商银行

中国工商银行转账支票

转账支票存根

NO

科　目

对方科目

出票日期　年　月　日

收款人：

金　额：

用　途：

单位主管　会计

本支票付款期十天

签发日期：　年　月　日　开户行名称

收款人：　出票人账号

人民币（大写）	千	百	十	万	千	百	十	元	角	分

用途 ________

上列款项请从我账户支付

出票人签章

科目

对方科目

转账日期　年　月　日

复核　记账

中国工商银行

中国工商银行转账支票

转账支票存根

NO

科　目

对方科目

出票日期　年　月　日

收款人：

金　额：

用　途：

单位主管　会计

本支票付款期十天

签发日期：　年　月　日　开户行名称

收款人：　出票人账号

人民币（大写）　千 百 十 万 千 百 十 元 角 分

用途 ________

上列款项请从我账户支付

出票人签章

科目

对方科目

转账日期　年　月　日

复核　记账

中国工商银行

中国工商银行转账支票

转账支票存根

NO

科　目

对方科目

出票日期　年　月　日

收款人：

金　额：

用　途：

单位主管　会计

本支票付款期十天

签发日期：　年　月　日　开户行名称

收款人：　出票人账号

人民币（大写）　千 百 十 万 千 百 十 元 角 分

用途 ________

上列款项请从我账户支付

出票人签章

科目

对方科目

转账日期　年　月　日

复核　记账

中国工商银行 转账支票存根 NO 科 目 对方科目 出票日期 年 月 日 收款人： 金 额： 用 途： 单位主管 会计	本支票付款期十天	**中国工商银行转账支票** 签发日期： 年 月 日 开户行名称 收款人： 出票人账号 人民币（大写） 千 百 十 万 千 百 十 元 角 分 用途 ________ 科目 上列款项请从我账户支付 对方科目 转账日期 年 月 日 出票人签章 复核 记账

2. 进账单(20 张)

中国工商银行进账单（回单）

年 月 日 第 号

出票人	全 称		收款人	全 称	
	账 号			账 号	
	开户银行			开户银行	
人民币：（大写）				千 百 十 万 千 百 十 元 角 分	
票据种类			出票人开户银行盖章		
票据张数					
单位主管 会计 复核 记账					

此联是出票人开户银行给出票人的回单

中国工商银行进账单（回单）

年 月 日 第 号

出票人	全 称		收款人	全 称	
	账 号			账 号	
	开户银行			开户银行	
人民币：（大写）				千 百 十 万 千 百 十 元 角 分	
票据种类			出票人开户银行盖章		
票据张数					
单位主管 会计 复核 记账					

此联是出票人开户银行给出票人的回单

中国工商银行进账单（回单）

年 月 日 第 号

出	全称		收	全称	
票	账号		款	账号	
人	开户银行		人	开户银行	

人民币：（大写）	千	百	十	万	千	百	十	元	角	分

票据种类		出票人开户银行盖章
票据张数		
单位主管　会计　复核　记账		

此联是出票人开户银行给出票人的回单

中国工商银行进账单（回单）

年 月 日 第 号

出	全称		收	全称	
票	账号		款	账号	
人	开户银行		人	开户银行	

人民币：（大写）	千	百	十	万	千	百	十	元	角	分

票据种类		出票人开户银行盖章
票据张数		
单位主管　会计　复核　记账		

此联是出票人开户银行给出票人的回单

中国工商银行进账单（回单）

年 月 日 第 号

出	全称		收	全称	
票	账号		款	账号	
人	开户银行		人	开户银行	

人民币：（大写）	千	百	十	万	千	百	十	元	角	分

票据种类		出票人开户银行盖章
票据张数		
单位主管　会计　复核　记账		

此联是出票人开户银行给出票人的回单

中国工商银行进账单（回单）

年　月　日　　　　第　　号

<table>
<tr><td rowspan="3">出票人</td><td>全 称</td><td></td><td rowspan="3">收款人</td><td>全 称</td><td colspan="10"></td></tr>
<tr><td>账 号</td><td></td><td>账 号</td><td colspan="10"></td></tr>
<tr><td>开户银行</td><td></td><td>开户银行</td><td colspan="10"></td></tr>
<tr><td colspan="5" rowspan="2">人民币：
（大写）</td><td>千</td><td>百</td><td>十</td><td>万</td><td>千</td><td>百</td><td>十</td><td>元</td><td>角</td><td>分</td></tr>
<tr><td></td><td></td><td></td><td></td><td></td><td></td><td></td><td></td><td></td><td></td></tr>
<tr><td colspan="2">票据种类</td><td colspan="2"></td><td colspan="11" rowspan="3">出票人开户银行盖章</td></tr>
<tr><td colspan="2">票据张数</td><td colspan="2"></td></tr>
<tr><td colspan="4">单位主管　会计　复核　记账</td></tr>
</table>

此联是出票人开户银行给出票人的回单

中国工商银行进账单（回单）

年　月　日　　　　第　　号

<table>
<tr><td rowspan="3">出票人</td><td>全 称</td><td></td><td rowspan="3">收款人</td><td>全 称</td><td colspan="10"></td></tr>
<tr><td>账 号</td><td></td><td>账 号</td><td colspan="10"></td></tr>
<tr><td>开户银行</td><td></td><td>开户银行</td><td colspan="10"></td></tr>
<tr><td colspan="5" rowspan="2">人民币：
（大写）</td><td>千</td><td>百</td><td>十</td><td>万</td><td>千</td><td>百</td><td>十</td><td>元</td><td>角</td><td>分</td></tr>
<tr><td></td><td></td><td></td><td></td><td></td><td></td><td></td><td></td><td></td><td></td></tr>
<tr><td colspan="2">票据种类</td><td colspan="2"></td><td colspan="11" rowspan="3">出票人开户银行盖章</td></tr>
<tr><td colspan="2">票据张数</td><td colspan="2"></td></tr>
<tr><td colspan="4">单位主管　会计　复核　记账</td></tr>
</table>

此联是出票人开户银行给出票人的回单

中国工商银行进账单（回单）

年　月　日　　　　第　　号

<table>
<tr><td rowspan="3">出票人</td><td>全 称</td><td></td><td rowspan="3">收款人</td><td>全 称</td><td colspan="10"></td></tr>
<tr><td>账 号</td><td></td><td>账 号</td><td colspan="10"></td></tr>
<tr><td>开户银行</td><td></td><td>开户银行</td><td colspan="10"></td></tr>
<tr><td colspan="5" rowspan="2">人民币：
（大写）</td><td>千</td><td>百</td><td>十</td><td>万</td><td>千</td><td>百</td><td>十</td><td>元</td><td>角</td><td>分</td></tr>
<tr><td></td><td></td><td></td><td></td><td></td><td></td><td></td><td></td><td></td><td></td></tr>
<tr><td colspan="2">票据种类</td><td colspan="2"></td><td colspan="11" rowspan="3">出票人开户银行盖章</td></tr>
<tr><td colspan="2">票据张数</td><td colspan="2"></td></tr>
<tr><td colspan="4">单位主管　会计　复核　记账</td></tr>
</table>

此联是出票人开户银行给出票人的回单

中国工商银行进账单（回单）

年　月　日　　　　第　　号

出票人	全　称		收款人	全　称	
	账　号			账　号	
	开户银行			开户银行	
人民币：（大写）					千 百 十 万 千 百 十 元 角 分
票据种类			出票人开户银行盖章		
票据张数					
单位主管　会计　复核　记账					

此联是出票人开户银行给出票人的回单

中国工商银行进账单（回单）

年　月　日　　　　第　　号

出票人	全　称		收款人	全　称	
	账　号			账　号	
	开户银行			开户银行	
人民币：（大写）					千 百 十 万 千 百 十 元 角 分
票据种类			出票人开户银行盖章		
票据张数					
单位主管　会计　复核　记账					

此联是出票人开户银行给出票人的回单

中国工商银行进账单（回单）

年　月　日　　　　第　　号

出票人	全　称		收款人	全　称	
	账　号			账　号	
	开户银行			开户银行	
人民币：（大写）					千 百 十 万 千 百 十 元 角 分
票据种类			出票人开户银行盖章		
票据张数					
单位主管　会计　复核　记账					

此联是出票人开户银行给出票人的回单

中国工商银行进账单（回单）

年 月 日　　　　第 号

出票人	全称		收款人	全称	
	账号			账号	
	开户银行			开户银行	

人民币：（大写）	千	百	十	万	千	百	十	元	角	分

票据种类		出票人开户银行盖章
票据张数		
单位主管　会计　复核　记账		

此联是出票人开户银行给出票人的回单

中国工商银行进账单（回单）

年 月 日　　　　第 号

出票人	全称		收款人	全称	
	账号			账号	
	开户银行			开户银行	

人民币：（大写）	千	百	十	万	千	百	十	元	角	分

票据种类		出票人开户银行盖章
票据张数		
单位主管　会计　复核　记账		

此联是出票人开户银行给出票人的回单

中国工商银行进账单（回单）

年 月 日　　　　第 号

出票人	全称		收款人	全称	
	账号			账号	
	开户银行			开户银行	

人民币：（大写）	千	百	十	万	千	百	十	元	角	分

票据种类		出票人开户银行盖章
票据张数		
单位主管　会计　复核　记账		

此联是出票人开户银行给出票人的回单

中国工商银行进账单（回单）

年 月 日 第 号

出票人	全称		收款人	全称	
	账号			账号	
	开户银行			开户银行	

人民币：（大写）	千	百	十	万	千	百	十	元	角	分

票据种类		出票人开户银行盖章
票据张数		
单位主管 会计 复核 记账		

此联是出票人开户银行给出票人的回单

中国工商银行进账单（回单）

年 月 日 第 号

出票人	全称		收款人	全称	
	账号			账号	
	开户银行			开户银行	

人民币：（大写）	千	百	十	万	千	百	十	元	角	分

票据种类		出票人开户银行盖章
票据张数		
单位主管 会计 复核 记账		

此联是出票人开户银行给出票人的回单

中国工商银行进账单（回单）

年 月 日 第 号

出票人	全称		收款人	全称	
	账号			账号	
	开户银行			开户银行	

人民币：（大写）	千	百	十	万	千	百	十	元	角	分

票据种类		出票人开户银行盖章
祟据张数		
单位主管 会计 复核 记账		

此联是出票人开户银行给出票人的回单

中国工商银行进账单（回单）

年 月 日 第 号

出票人	全称		收款人	全称	
	账号			账号	
	开户银行			开户银行	
人民币：（大写）					千 百 十 万 千 百 十 元 角 分
票据种类			出票人开户银行盖章		
票据张数					
单位主管 会计 复核 记账					

此联是出票人开户银行给出票人的回单

中国工商银行进账单（回单）

年 月 日 第 号

出票人	全称		收款人	全称	
	账号			账号	
	开户银行			开户银行	
人民币：（大写）					千 百 十 万 千 百 十 元 角 分
票据种类			出票人开户银行盖章		
票据张数					
单位主管 会计 复核 记账					

此联是出票人开户银行给出票人的回单

中国工商银行进账单（回单）

年 月 日 第 号

出票人	全称		收款人	全称	
	账号			账号	
	开户银行			开户银行	
人民币：（大写）					千 百 十 万 千 百 十 元 角 分
票据种类			出票人开户银行盖章		
票据张数					
单位主管 会计 复核 记账					

此联是出票人开户银行给出票人的回单

3. 现金支票5张

中国工商银行

现金支票存根

NO

科　目______

对方科目______

签发日期　年　月　日

收款人：	
金　额：	
用　途：	

单位主管

复核　记账

本支票付款期十天

中国工商银行现金支票

签发日期：　年　月　日　开户行名称：

收款人：　签发行账号：

人民币（大写）	千	百	十	万	千	百	十	元	角	分

用途______　科目______

上列款项请从我账户支付　对方科目______

会计付讫日期　年　月　日

签发人签章　出纳　复核　记账

中国工商银行

现金支票存根

NO

科　目______

对方科目______

签发日期　年　月　日

收款人：	
金　额：	
用　途：	

单位主管

复核　记账

本支票付款期十天

中国工商银行现金支票

签发日期：　年　月　日　开户行名称：

收款人：　签发行账号：

人民币（大写）	千	百	十	万	千	百	十	元	角	分

用途______　科目______

上列款项请从我账户支付　对方科目______

会计付讫日期　年　月　日

签发人签章　出纳　复核　记账

中国工商银行

现金支票存根

NO

科　目______

对方科目______

签发日期　年　月　日

收款人：	
金　额：	
用　途：	

单位主管

复核　记账

本支票付款期十天

中国工商银行现金支票

签发日期：　年　月　日　开户行名称：

收款人：　签发行账号：

人民币（大写）	千	百	十	万	千	百	十	元	角	分

用途______　科目______

上列款项请从我账户支付　对方科目______

会计付讫日期　年　月　日

签发人签章　出纳　复核　记账

中国工商银行

中国工商银行现金支票

现金支票存根

NO

科　　目＿＿＿＿＿

对方科目＿＿＿＿＿

签发日期　　年　月　日

收款人：
金　额：
用　途：

单位主管

复核　　　　记账

本支票付款期十天

签发日期：　　　年　　月　　日　开户行名称：

收款人：　　　　　　　　　　　签发行账号：

人民币（大写）	千	百	十	万	千	百	十	元	角	分

用途 ＿＿＿＿＿　　　　科目＿＿＿＿＿

上列款项请从我账户支付　　　对方科目＿＿＿＿＿

会计付讫日期　　年　　月　　日

签发人签章　　　　出纳　　复核　　记账

中国工商银行

中国工商银行现金支票

现金支票存根

NO

科　　目＿＿＿＿＿

对方科目＿＿＿＿＿

签发日期　　年　月　日

收款人：
金　额：
用　途：

单位主管

复核　　　　记账

本支票付款期十天

签发日期：　　　年　　月　　日　开户行名称：

收款人：　　　　　　　　　　　签发行账号：

人民币（大写）	千	百	十	万	千	百	十	元	角	分

用途 ＿＿＿＿＿　　　　科目＿＿＿＿＿

上列款项请从我账户支付　　　对方科目＿＿＿＿＿

会计付讫日期　　年　　月　　日

签发人签章　　　　出纳　　复核　　记账

4. 工行托收承付凭证 1 张

中国工商银行托收承付凭证 （收款通知） 4 托收号码

年 月 日

付款人	全 称		收款人	全 称												此联是收款人开户银行在款项收妥后给收款人的收账通知
	账 号			账 号												
	开户银行			开户银行												
托收金额	人民币：（大写）						千	百	十	万	千	百	十	元	角	分
附件			合同名称号码													
附寄单据张数																
备注：验单付款	款项收妥日期		收款单位开户银行盖章													

单位主管： 会计 复核 记账

5. 商业承兑汇票 2 张

商业承兑汇票（存根）

年 月 日 第 号

付款人	全 称		收款人	全 称												此联签发人存查
	账 号			账 号												
	开户银行			开户银行												
汇票金额	人民币：（大写）						千	百	十	万	千	百	十	元	角	分
汇票到期日			交易合同号码													
备注：			负责： 经办：													

商业承兑汇票（存根）

年 月 日 第 号

付款人	全 称		收款人	全 称												此联签发人存查
	账 号			账 号												
	开户银行			开户银行												
汇票金额	人民币：（大写）						千	百	十	万	千	百	十	元	角	分
汇票到期日			交易合同号码													
备注：			负责： 经办：													

6. 银行汇票委托书 1 张

中国交通银行汇票委托书（存根）1 No

委托日期　　年　月　日　　　　第　号

<table>
<tr><td>汇款人</td><td colspan="3"></td><td>收款人</td><td colspan="9"></td></tr>
<tr><td>账号
或住址</td><td colspan="3"></td><td>账号
或住址</td><td colspan="9"></td></tr>
<tr><td>兑付地点</td><td>省　市
县</td><td>兑付
行</td><td></td><td>汇款用
途</td><td colspan="9"></td></tr>
<tr><td rowspan="2">汇款
金额</td><td colspan="4" rowspan="2"></td><td>百</td><td>十</td><td>万</td><td>千</td><td>百</td><td>十</td><td>元</td><td>角</td><td>分</td></tr>
<tr><td></td><td></td><td></td><td></td><td></td><td></td><td></td><td></td><td></td></tr>
</table>

备注

科目……………

对方科目……………

账务主管　　复核　　经办

此联由汇款人留存作记账凭证

7. 工行电汇凭证 8 张

中国工商银行电汇凭证(回单)　1

委托日期　年　月　日　　　　第　号

<table>
<tr><td rowspan="3">汇
款
人</td><td>全称</td><td colspan="3"></td><td rowspan="3">收
款
人</td><td>全称</td><td colspan="12"></td></tr>
<tr><td>账号
或住址</td><td colspan="3"></td><td>账号
或住址</td><td colspan="12"></td></tr>
<tr><td>汇出
地点</td><td></td><td>汇出行
名称</td><td></td><td>汇入
地点</td><td colspan="3"></td><td>汇入行
名称</td><td colspan="8"></td></tr>
<tr><td rowspan="2">金
额</td><td colspan="9" rowspan="2"></td><td>百</td><td>十</td><td>万</td><td>千</td><td>百</td><td>十</td><td>元</td><td>角</td><td>分</td></tr>
<tr><td></td><td></td><td></td><td></td><td></td><td></td><td></td><td></td><td></td></tr>
<tr><td colspan="10">汇款用途：</td><td colspan="9" rowspan="2">汇出行盖章

年 月 日</td></tr>
<tr><td colspan="10">上列款项已根据委托办理，如须查询，请持此回单来面洽</td></tr>
</table>

此联汇出银行给汇款人的回单

中国工商银行电汇凭证(回单)　1

委托日期　年　月　日　　　　第　号

<table>
<tr><td rowspan="3">汇
款
人</td><td>全称</td><td colspan="3"></td><td rowspan="3">收
款
人</td><td>全称</td><td colspan="3"></td></tr>
<tr><td>账号
或住址</td><td colspan="3"></td><td>账号
或住址</td><td colspan="3"></td></tr>
<tr><td>汇出
地点</td><td></td><td>汇出行
名称</td><td></td><td>汇入
地点</td><td></td><td>汇入行
名称</td><td></td></tr>
<tr><td>金
额</td><td colspan="6"></td><td colspan="3">百 十 万 千 百 十 元 角 分</td></tr>
<tr><td colspan="7">汇款用途：</td><td colspan="3" rowspan="2">汇出行盖章

年 月 日</td></tr>
<tr><td colspan="7">上列款项已根据委托办理，如须查询，请持此回单来面洽</td></tr>
</table>

此联汇出银行给汇款人的回单

中国工商银行电汇凭证(回单)　1

委托日期　年　月　日　　　　第　号

<table>
<tr><td rowspan="3">汇
款
人</td><td>全称</td><td colspan="3"></td><td rowspan="3">收
款
人</td><td>全称</td><td colspan="3"></td></tr>
<tr><td>账号
或住址</td><td colspan="3"></td><td>账号
或住址</td><td colspan="3"></td></tr>
<tr><td>汇出
地点</td><td></td><td>汇出行
名称</td><td></td><td>汇入
地点</td><td></td><td>汇入行
名称</td><td></td></tr>
<tr><td>金
额</td><td colspan="6"></td><td colspan="3">百 十 万 千 百 十 元 角 分</td></tr>
<tr><td colspan="7">汇款用途：</td><td colspan="3" rowspan="2">汇出行盖章

年 月 日</td></tr>
<tr><td colspan="7">上列款项已根据委托办理，如须查询，请持此回单来面洽</td></tr>
</table>

此联汇出银行给汇款人的回单

中国工商银行电汇凭证(回单) 1

委托日期 年 月 日 第 号

汇款人	全称			收款人	全称			
	账号或住址				账号或住址			
	汇出地点		汇出行名称		汇入地点		汇入行名称	
金额						百 十 万 千 百 十 元 角 分		
汇款用途：						汇出行盖章		
上列款项已根据委托办理，如须查询，请持此回单来面洽						年 月 日		

此联汇出银行给汇款人的回单

中国工商银行电汇凭证(回单) 1

委托日期 年 月 日 第 号

汇款人	全称			收款人	全称			
	账号或住址				账号或住址			
	汇出地点		汇出行名称		汇入地点		汇入行名称	
金额						百 十 万 千 百 十 元 角 分		
汇款用途：						汇出行盖章		
上列款项已根据委托办理，如须查询，请持此回单来面洽						年 月 日		

此联汇出银行给汇款人的回单

中国工商银行电汇凭证(回单) 1

委托日期 年 月 日 第 号

<table>
<tr><td rowspan="3">汇款人</td><td>全称</td><td colspan="3"></td><td rowspan="3">收款人</td><td>全称</td><td colspan="3"></td></tr>
<tr><td>账号
或住址</td><td colspan="3"></td><td>账号
或住址</td><td colspan="3"></td></tr>
<tr><td>汇出
地点</td><td></td><td>汇出行
名称</td><td></td><td>汇入
地点</td><td></td><td>汇入行
名称</td><td></td></tr>
<tr><td>金额</td><td colspan="7"></td><td colspan="2">百 十 万 千 百 十 元 角 分</td></tr>
<tr><td colspan="6">汇款用途：</td><td colspan="4" rowspan="2">汇出行盖章

年 月 日</td></tr>
<tr><td colspan="6">上列款项已根据委托办理，如须查询，请持此回单来面洽</td></tr>
</table>

此联汇出银行给汇款人的回单

中国工商银行电汇凭证(回单) 1

委托日期 年 月 日 第 号

<table>
<tr><td rowspan="3">汇款人</td><td>全称</td><td colspan="3"></td><td rowspan="3">收款人</td><td>全称</td><td colspan="3"></td></tr>
<tr><td>账号
或住址</td><td colspan="3"></td><td>账号
或住址</td><td colspan="3"></td></tr>
<tr><td>汇出
地点</td><td></td><td>汇出行
名称</td><td></td><td>汇入
地点</td><td></td><td>汇入行
名称</td><td></td></tr>
<tr><td>金额</td><td colspan="7"></td><td colspan="2">百 十 万 千 百 十 元 角 分</td></tr>
<tr><td colspan="6">汇款用途：</td><td colspan="4" rowspan="2">汇出行盖章

年 月 日</td></tr>
<tr><td colspan="6">上列款项已根据委托办理，如须查询，请持此回单来面洽</td></tr>
</table>

此联汇出银行给汇款人的回单

中国工商银行电汇凭证(回单) 1

委托日期 年 月 日　　　　第 号

<table>
<tr><td rowspan="3">汇款人</td><td>全称</td><td colspan="3"></td><td rowspan="3">收款人</td><td>全称</td><td colspan="3"></td></tr>
<tr><td>账号
或住址</td><td colspan="3"></td><td>账号
或住址</td><td colspan="3"></td></tr>
<tr><td>汇出
地点</td><td></td><td>汇出行
名称</td><td></td><td>汇入
地点</td><td></td><td>汇入行
名称</td><td></td></tr>
<tr><td rowspan="2">金额</td><td colspan="7" rowspan="2"></td><td colspan="2">百 十 万 千 百 十 元 角 分</td></tr>
<tr><td colspan="2"></td></tr>
<tr><td colspan="8">汇款用途：</td><td colspan="2" rowspan="2">汇出行盖章

年 月 日</td></tr>
<tr><td colspan="8">上列款项已根据委托办理，如须查询，请持此回单来面洽</td></tr>
</table>

此联汇出银行给汇款人的回单

8. 交行电汇凭证2张

中国交通银行电汇凭证(回单) 1

委托日期 年 月 日　　　　第 号

<table>
<tr><td rowspan="3">汇款人</td><td>全 称</td><td colspan="3"></td><td rowspan="3">收款人</td><td>全 称</td><td colspan="3"></td></tr>
<tr><td>账 号
或住址</td><td colspan="3"></td><td>账 号
或住址</td><td colspan="3"></td></tr>
<tr><td>汇出
地点</td><td></td><td>汇出行
名 称</td><td></td><td>汇入
地点</td><td></td><td>汇入行
名 称</td><td></td></tr>
<tr><td rowspan="2">金额</td><td colspan="7" rowspan="2">人民币：
（大写）</td><td colspan="2">百 十 万 千 百 十 元 角 分</td></tr>
<tr><td colspan="2"></td></tr>
<tr><td colspan="8">汇款用途：</td><td colspan="2" rowspan="2">汇出行盖章

年 月 日</td></tr>
<tr><td colspan="8">上列款项已根据委托办理，如须查询，请持此回单来面洽</td></tr>
</table>

此联为汇出行给汇款单位的回单

中国交通银行电汇凭证(回单) 1

委托日期 年 月 日 第 号

汇款人	全 称			收款人	全 称								
	账 号 或住址				账 号 或住址								
	汇出地点	汇出行名 称			汇入地点		汇入行名 称						
金额	人民币： （大写）				百	十	万	千	百	十	元	角	分
汇款用途：					汇出行盖章 年 月 日								
上列款项已根据委托办理，如须查询，请持此回单来面洽													

此联为汇出行给汇款单位的回单

9. 增值税专用发票10张

广西壮族自治区增值税专用发票

全国统一发票监制章 广西 国家税务总局监制

记 账 联 №

开票日期： 年 月 日

国税函〔2007〕123号华美印制厂

购货单位	名 称：			密码区	略			
	纳税人识别号：							
	地 址 、 电 话 ：							
	开户行及账号：							
货物或应税劳务名称	规格型号	单位	数量	单价	金额	税率	税额	
合 计								
价税合计（大写）	佰 拾 万 仟 佰 拾 元 角 分 （小写）¥							
销货单位	名 称：			备注				
	纳税人识别号：							
	地 址 、 电 话 ：							
	开户行及账号：							

收款人： 复核： 开票人： 销货单位：（章）

第三联：销货方记账

国税函（2007）123号华美印刷厂

广西壮族自治区增值税专用发票

全国统一发票监制章 广西 国家税务总局监制

记账联　　　　№

开票日期：　　年　　月　　日

购货单位	名　称：		密码区	略
	纳税人识别号：			
	地址、电话：			
	开户行及账号：			

货物或应税劳务名称	规格型号	单位	数量	单价	金额	税率	税额
合　计							

价税合计（大写）　佰　拾　万　仟　佰　拾　元　角　分　（小写）¥______

销货单位	名　称：		备注	
	纳税人识别号：			
	地址、电话：			
	开户行及账号：			

收款人：　　复核：　　开票人：　　销货单位：（章）

第三联：销货方记账

国税函（2007）123号华美印刷厂

广西壮族自治区增值税专用发票

全国统一发票监制章 广西 国家税务总局监制

记账联　　　　№

开票日期：　　年　　月　　日

购货单位	名　称：		密码区	略
	纳税人识别号：			
	地址、电话：			
	开户行及账号：			

货物或应税劳务名称	规格型号	单位	数量	单价	金额	税率	税额
合　计							

价税合计（大写）　佰　拾　万　仟　佰　拾　元　角　分　（小写）¥______

销货单位	名　称：		备注	
	纳税人识别号：			
	地址、电话：			
	开户行及账号：			

收款人：　　复核：　　开票人：　　销货单位：（章）

第三联：销货方记账

广西壮族自治区增值税专用发票

记账联　　　　№

开票日期：　　年　　月　　日

购货单位	名　　称：				密码区	略		
	纳税人识别号：							
	地址、电话：							
	开户行及账号：							
货物或应税劳务名称	规格型号	单位	数量	单价	金额	税率	税额	
合　计								
价税合计（大写）	佰　拾　万　仟　佰　拾　元　角　分　（小写）¥							
销货单位	名　　称：				备注			
	纳税人识别号：							
	地址、电话：							
	开户行及账号：							

收款人：　　复核：　　开票人：　　销货单位：（章）

国税函〔2007〕123号华美印刷厂

第三联：销货方记账

广西壮族自治区增值税专用发票

记账联　　　　№

开票日期：　　年　　月　　日

购货单位	名　　称：				密码区	略		
	纳税人识别号：							
	地址、电话：							
	开户行及账号：							
货物或应税劳务名称	规格型号	单位	数量	单价	金额	税率	税额	
合　计								
价税合计（大写）	佰　拾　万　仟　佰　拾　元　角　分　（小写）¥							
销货单位	名　　称：				备注			
	纳税人识别号：							
	地址、电话：							
	开户行及账号：							

收款人：　　复核：　　开票人：　　销货单位：（章）

国税函〔2007〕123号华美印刷厂

第三联：销货方记账

广西壮族自治区增值税专用发票

记账联　　　　　　　　№

开票日期：　　年　月　日

国税函〔2007〕123号华美印制厂

购货单位	名　称：		密码区	略			
	纳税人识别号：						
	地址、电话：						
	开户行及账号：						

货物或应税劳务名称	规格型号	单位	数量	单价	金额	税率	税额
合　计							
价税合计（大写）	佰　拾　万　仟　佰　拾　元　角　分　（小写）¥						

销货单位	名　称：		备注	
	纳税人识别号：			
	地址、电话：			
	开户行及账号：			

收款人：　　复核：　　开票人：　　销货单位：（章）

第三联：销货方记账

广西壮族自治区增值税专用发票

记账联　　　　　　　　№

开票日期：　　年　月　日

国税函〔2007〕123号华美印制厂

购货单位	名　称：		密码区	略			
	纳税人识别号：						
	地址、电话：						
	开户行及账号：						

货物或应税劳务名称	规格型号	单位	数量	单价	金额	税率	税额
合　计							
价税合计（大写）	佰　拾　万　仟　佰　拾　元　角　分　（小写）¥						

销货单位	名　称：		备注	
	纳税人识别号：			
	地址、电话：			
	开户行及账号：			

收款人：　　复核：　　开票人：　　销货单位：（章）

第三联：销货方记账

广西壮族自治区增值税专用发票

记账联 №

全国统一发票监制章 广西 国家税务总局监制

开票日期： 年 月 日

购货单位	名称：		密码区	略
	纳税人识别号：			
	地址、电话：			
	开户行及账号：			

货物或应税劳务名称	规格型号	单位	数量	单价	金额	税率	税额
合计							
价税合计（大写）	佰 拾 万 仟 佰 拾 元 角 分 （小写）¥						

销货单位	名称：		备注	
	纳税人识别号：			
	地址、电话：			
	开户行及账号：			

收款人： 复核： 开票人： 销货单位：（章）

国税函〔2007〕123号华美印刷厂

第三联：销货方记账

广西壮族自治区增值税专用发票

记账联 №

全国统一发票监制章 广西 国家税务总局监制

开票日期： 年 月 日

购货单位	名称：		密码区	略
	纳税人识别号：			
	地址、电话：			
	开户行及账号：			

货物或应税劳务名称	规格型号	单位	数量	单价	金额	税率	税额
合计							
价税合计（大写）	佰 拾 万 仟 佰 拾 元 角 分 （小写）¥						

销货单位	名称：		备注	
	纳税人识别号：			
	地址、电话：			
	开户行及账号：			

收款人： 复核： 开票人： 销货单位：（章）

国税函〔2007〕123号华美印刷厂

第三联：销货方记账

广西壮族自治区增值税专用发票

№

记 账 联

全国统一发票监制章 国家税务总局监制

开票日期： 年 月 日

国税函（2007）123号华美印刷厂

购货单位	名 称：					密码区	略	
	纳税人识别号：							
	地 址 、 电 话：							
	开户行及账号：							
货物或应税劳务名称		规格型号	单位	数量	单价	金额	税率	税额
合 计								
价税合计（大写）		佰 拾 万 仟 佰 拾 元 角 分 （小写）¥						
销货单位	名 称：					备注		
	纳税人识别号：							
	地 址 、 电 话：							
	开户行及账号：							

收款人： 复核： 开票人： 销货单位：（章）

第三联：销货方记账

10. 收款收据2张

收 款 收 据

第 号

年 月 日

今收到	
交来	款
人民币（大写）	¥

会计 出纳 制单

收 款 收 据

第 号

年 月 日

今收到	
交来	款
人民币（大写）	¥

会计 出纳 制单

11. 收料凭证汇总表 3 张

收料凭证汇总表

年 月 日

来源	原材料								低值易耗品	
	钢材		生铁		外购配件		其他材料			
	计划成本	实际成本	计划成本	实际成本	计划成本	实际成本	计划成本	实际成本	计划成本	实际成本
材料采购										
债务重组										
委托加工										
成本差异额										
成本差异率										

主管　　　　审核　　　　制单

收料凭证汇总表

年 月 日

来源	原材料								低值易耗品	
	钢材		生铁		外购配件		其他材料			
	计划成本	实际成本	计划成本	实际成本	计划成本	实际成本	计划成本	实际成本	计划成本	实际成本
材料采购										
债务重组										
委托加工										
成本差异额										
成本差异率										

主管　　　　审核　　　　制单

收料凭证汇总表

年 月 日

来源	原材料								低值易耗品	
	钢材		生铁		外购配件		其他材料			
	计划成本	实际成本	计划成本	实际成本	计划成本	实际成本	计划成本	实际成本	计划成本	实际成本
材料采购										
债务重组										
委托加工										
成本差异额										
成本差异率										

主管　　　　审核　　　　制单

12.发料凭证汇总表3张

发料凭证汇总表

2007年12月 10 日

用途		钢材		生铁		外购配件		其他材料		合计	
		计划成本	成本差异	计划成本	成本差异	计划成本	成本差异	计划成本	成本差异	计划成本	成本差异
铸造车间	产品耗用										
	一般耗用										
机工车间	产品耗用										
	一般耗用										
装配车间	产品共用										
	宏远1号										
	宏远2号										
	一般耗用										
机修车间											
委托加工											
合计											

主管　　　　审核　　　　制单

发料凭证汇总表

2007 年 12 月 10 日

用途		钢材		生铁		外购配件		其他材料		合计	
		计划成本	成本差异	计划成本	成本差异	计划成本	成本差异	计划成本	成本差异	计划成本	成本差异
铸造车间	产品耗用										
	一般耗用										
机工车间	产品耗用										
	一般耗用										
装配车间	产品共用										
	宏远 1 号										
	宏远 2 号										
	一般耗用										
机修车间											
委托加工											
合计											

主管　　　　　　　　审核　　　　　　　　制单

发料凭证汇总表

2007 年 12 月 10 日

用途		钢材		生铁		外购配件		其他材料		合计	
		计划成本	成本差异	计划成本	成本差异	计划成本	成本差异	计划成本	成本差异	计划成本	成本差异
铸造车间	产品耗用										
	一般耗用										
机工车间	产品耗用										
	一般耗用										
装配车间	产品共用										
	宏远 1 号										
	宏远 2 号										
	一般耗用										
机修车间											
委托加工											
合计											

主管　　　　　　　　审核　　　　　　　　制单

13.材料收发存汇总表1张

材料收发存汇总表

年 月 日

材料类别	品名	单位	计划单价	上期结存		本期收入				本期发出		期末结存	
				数量	计划成本	数量	计划成本	实际成本	差异额	数量	计划成本	数量	计划成本
钢材	元钢	吨	5000										
	角钢	吨	2800										
	钢板	吨	3200										
	钢圈	吨	5000										
	小计												
生铁		吨	1800										
外购配件	轮胎	套	200										
	HY206 轴承	套	5.6										
	HY308 轴承	套	6.2										
	CL206 齿轮	套	13										
	CL302 齿轮	套	20										
	CL306 齿轮	套	24										
	LT115 链条	套	11										
	LT216 链条	套	29										
	GNA 柴油机	台	950										
	GNC 柴油机	台	1600										
	HE 车灯	只	7										
	HD 车灯	只	26										
	小 计												
其他材料	螺丝螺帽	箱	136										
	油漆	kg	12										
	油漆底料	kg	4										
	电焊条	kg	5.2										
	废铁	kg	0.3										
	小 计												
低值易耗品	蓄电池	台	530										
	刨刀	把	50										
	安全钳	把	12										
	扳手	把	15										
	钻头	把	25										
	砂轮	个	80										
	工作服	套	120										
	工作鞋	套	80										
	液压扳手	套	500										
	液压千斤顶	套	800										
	小 计												
合 计													

14. 周转材料摊销表1张

周转材料摊销明细表

2007 年 12 月 31 日

使用单位	一次摊销			五五摊销		
	计划成本	差异额	实际成本	计划成本	差异额	实际成本
铸造车间						
加工车间						
装配车间						
机修车间						
厂　部						
合　计						

复核：　　　　　　　　制表：

15. 职工社会保险费及住房公积金计提表1张

职工社会保险费及住房公积金计提表

2007年12月

部门		应付工资	养老保险20%	医疗保险6%	失业保险2%	工伤保险1%	住房公积金10%	教育经费1.5%	工会经费2%	合计
铸造车间	生产工人									
	管理人员									
	小计									
机工车间	生产工人									
	管理人员									
	小计									
装配车间	生产工人									
	管理人员									
	小计									
机修车间	机修工人									
	管理人员									
	小计									
总部人员										
合计										

16. 坏账准备计提表1张

坏账准备计提表

计提基数	计提比例	坏账准备期末余额	期末应补提（冲销）的坏账准备

17. 利息收入计算表 1 张

利息收入计算表

计息日期①	应计利息②	利息收入③	利息调整④	摊余成本⑤
合计				

18. 固定资产折旧计算表 1 张

固定资产折旧计算表

2007 年 12 月 30 日

使用单位	固定资产类别	月初固定资产原值	月分类折旧率 (%)	月折旧额
铸造车间	房屋建筑物	7 000 000.00	0.25	
	通用设备	3 000 000.00	0.60	
	电子设备	1 200 000.00	2.00	
	运输设备及其他	100 000.00	1.50	
	小计	11 300 000.00		
加工车间	房屋建筑物	26 000 000.00	0.25	
	通用设备	17 000 000.00	0.60	
	电子设备	1 500 000.00	2.00	
	运输设备及其他	200 000.00	1.50	
	小计	44 700 000.00		
装配车间	房屋建筑物	15 000 000.00	0.25	
	通用设备	1 000 000.00	0.60	
	电子设备	800 000.00	2.00	
	运输设备及其他	100 000.00	1.50	
	小计	16 900 000.00		
机修车间	房屋建筑物	8 000 000.00	0.25	
	通用设备	1 030 000.00	0.60	
	电子设备	450 000.00	2.00	
	运输设备及其他	70 000.00	1.50	
	小计	9 550 000.00		
厂部	房屋建筑物	5 600 000.00	0.25	
	通用设备	500 000.00	0.60	
	运输设备及其他	200 000.00	1.50	
	小计	6 300 000.00		
合计		88 750 000.00		

19. 动力费用分配表3张

动力费用分配表

部门： 年 月 日

产品名称	生产工时	分配率	分配金额
宏远1号拖拉机			
宏远2号拖拉机			
合 计			

复核： 制表：

动力费用分配表

部门： 年 月 日

产品名称	生产工时	分配率	分配金额
宏远1号拖拉机			
宏远2号拖拉机			
合 计			

复核： 制表：

动力费用分配表

部门： 年 月 日

产品名称	生产工时	分配率	分配金额
宏远1号拖拉机			
宏远2号拖拉机			
合 计			

复核： 制表：

20. 人工费用分配表3张

人工费用分配表

部门： 年 月 日

产品名称	生产工时	分配率	分配金额
宏远1号拖拉机			
宏远2号拖拉机			
合 计			

复核： 制表：

人工费用分配表

部门： 年 月 日

产品名称	生产工时	分配率	分配金额
宏远1号拖拉机			
宏远2号拖拉机			
合 计			

复核： 制表：

人工费用分配表

部门：　　　　　　　　　　年　月　日

产品名称	生产工时	分配率	分配金额
宏远1号拖拉机			
宏远2号拖拉机			
合　计			

复核：　　　　　　　　　　制表：

21. 材料费用分配表3张

材料费用分配表

部门：铸造车间

产品名称	投产量	定额系数	总系数	分配率	应分配金额
宏远1号					
宏远2号					
合计					

材料费用分配表

部门：机工车间

产品名称	投产量	定额系数	总系数	分配率	应分配金额
宏远1号					
宏远2号					
合计					

材料费用分配表

部门：装配车间

产品名称	投产量	定额系数	总系数	分配率	应分配金额
宏远1号					
宏远2号					
合计					

22. 辅助生产费用分配表1张

辅助生产费用分配表

年　月　日

部门	修理工时	分配率	分配金额
铸造车间			
加工车间			
装配车间			
管理部门			
合计			

复核：　　　　　　　　　　制表：

23. 制造费用分配表 3 张

制造费用分配表

部门：　　　　　　　　　　　　年　月　日

产品名称	生产工时	分配率	分配金额
宏远 1 号拖拉机			
宏远 2 号拖拉机			
合计			

复核：　　　　　　　　　　　　制表：

制造费用分配表

部门：　　　　　　　　　　　　年　月　日

产品名称	生产工时	分配率	分配金额
宏远 1 号拖拉机			
宏远 2 号拖拉机			
合计			

复核：　　　　　　　　　　　　制表：

制造费用分配表

部门：　　　　　　　　　　　　年　月　日

产品名称	生产工时	分配率	分配金额
宏远 1 号拖拉机			
宏远 2 号拖拉机			
合计			

复核：　　　　　　　　　　　　制表：

24. 产品成本计算单 6 张

产品成本计算单

本月完工产量：
月末在产品：

生产车间：
产品名称：　　　　　　　　年　月　日　　　　　　完工程度：

项　目	合　计	半成品	直接材料	直接人工	燃　料和动力	制　造费　用
期初在产品成本						
本期生产费用						
生产费用合计						
约当总产量						
完工产品单位成本						
完工产品总成本						
期末在产品成本						

主管：　　　　　　　　复核：　　　　　　　　制单：

产品成本计算单

本月完工产量：
月末在产品：

生产车间：
产品名称： 年 月 日 完工程度：

项 目	合 计	半成品	直接材料	直接人工	燃 料 和动力	制 造 费 用
期初在产品成本						
本期生产费用						
生产费用合计						
约当总产量						
完工产品单位成本						
完工产品总成本						
期末在产品成本						

主管： 复核： 制单：

产品成本计算单

本月完工产量：
月末在产品：

生产车间：
产品名称： 年 月 日 完工程度：

项 目	合 计	半成品	直接材料	直接人工	燃 料 和动力	制 造 费 用
期初在产品成本						
本期生产费用						
生产费用合计						
约当总产量						
完工产品单位成本						
完工产品总成本						
期末在产品成本						

主管： 复核： 制单：

产品成本计算单

本月完工产量：
月末在产品：

生产车间：
产品名称：　　　　　年　月　日　　　　　完工程度：

项目	合计	半成品	直接材料	直接人工	燃料和动力	制造费用
期初在产品成本						
本期生产费用						
生产费用合计						
约当总产量						
完工产品单位成本						
完工产品总成本						
期末在产品成本						

主管：　　　　　复核：　　　　　制单：

产品成本计算单

本月完工产量：
月末在产品：

生产车间：
产品名称：　　　　　年　月　日　　　　　完工程度：

项目	合计	半成品	直接材料	直接人工	燃料和动力	制造费用
期初在产品成本						
本期生产费用						
生产费用合计						
约当总产量						
完工产品单位成本						
完工产品总成本						
期末在产品成本						

主管：　　　　　复核：　　　　　制单：

产品成本计算单

本月完工产量：
月末在产品：

生产车间：
产品名称： 年 月 日 完工程度：

项目	合计	半成品	直接材料	直接人工	燃料和动力	制造费用
期初在产品成本						
本期生产费用						
生产费用合计						
约当总产量						
完工产品单位成本						
完工产品总成本						
期末在产品成本						

主管： 复核： 制单：

25. 产品销售成本计算表1张

产品销售成本计算表

	产品名称	销售数量	单位成本	销售成本
直接销售				
委托代销				
分期收款销售				
合计				

26. 库存商品收发存汇总表

库存商品收发存汇总表

产品名称	期初结存			本期增加			本期销售			期末结存		
	数量	单价	金额	数量	单价	金额	数量	单价	金额	数量	单价	金额
宏远一号												
宏远二号												
合计												

27.科目汇总表6张

科目汇总表

年 月 日

会计科目	总账页数	本期发生额	
		借方	贷方

科目汇总表

年 月 日

会计科目	总账页数	本期发生额	
		借 方	贷 方

科 目 汇 总 表

年 月 日

会 计 科 目	总 账 页 数	本期发生额	
		借 方	贷 方

科目汇总表

年 月 日

会计科目	总账页数	本期发生额	
		借 方	贷 方

科目汇总表

年 月 日

会计科目	总账页数	本期发生额	
		借方	贷方

科目汇总表

年 月 日

会计科目	总账页数	本期发生额	
		借方	贷方

28.资产负债表1张

资产负债表

会企01表

编制单位： 年 月 日 单位:元

资 产	期末余额	年初余额	负债和所有者权益（或股东权益）	期末余额	年初余额
流动资产			流动负债		
货币资金			短期借款		
交易性金融资产			交易性金融负债		
应收票据			应付票据		
应收账款			应付账款		
预付款项			预收款项		
应收利息			应付职工薪酬		
应收股利			应交税费		
其他应收款			应付利息		
存货			应付股利		
一年内到期的非流动资产			其他应付款		
其他流动资产			一年内到期的非流动负债		
流动资产合计			其他流动负债		
非流动资产：			流动负债合计		
可供出售金融资产			非流动负债：		
持有至到期投资			长期借款		
长期应收款			应付债券		
长期股权投资			长期应付款		
投资性房地产			专项应付款		
固定资产			预计负债		
在建工程			递延所得税负债		
工程物资			其他非流动负债		
固定资产清理			非流动负债合计		
生产性生物资产			负债合计		
油气资产			所有者权益（或股东权益）：		
无形资产			实收资本（或股本）		
开发支出			资本公积		
商誉			减:库存股		
长期待摊费用			盈余公积		
递延所得税资产			未分配利润		
其他非流动资产			所有者权益(或股东权益)合计		
非流动资产合计					
资产总计			负债和所有者权益（或股东权益)总计		

企业负责人： 主管会计： 制表： 报出日期： 年 月 日

29.利润表1张

利 润 表

会企02表

编制单位: 年 月 单位:元

项 目	本期金额	本年累计数
一、营业收入		
减:营业成本		
营业税金及附加		
销售费用		
管理费用		
财务费用		
资产减值损失		
加:公允价值变动收益(损失以"—"号填列)		
投资收益(损失以"—"号填列)		
其中:对联营企业和合营企业的投资收益		
二、营业利润(亏损以"—"号填列)		
加:营业外收入		
减:营业外支出		
其中:非流动资产处置损失		
三、利润总额(亏损总额以"—"号填列)		
减:所得税费用		
四、净利润(净亏损以"—"号填列)		
五、每股收益:		
(一)基本每股收益		
(二)稀释每股收益		

30.现金流量表1张

现金流量表

会企03表

编制单位： 年度 单位:元

项目	本期金额	上期金额
一、经营活动产生的现金流量：		
销售商品、提供劳务收到的现金		
收到的税费返还		
收到的其他与经营活动有关的现金		
经营活动现金流入小计		
购买商品、接受劳务支付的现金		
支付给职工以及为职工支付的现金		
支付的各项税费		
支付的其他与经营活动有关的现金		
经营活动现金流出小计		
经营活动产生的现金流量净额		
二、投资活动产生的现金流量：		
收回投资所收到的现金		
取得投资收益所收到的现金		
处置固定资产、无形资产和其他长期资产所收回的现金净额		
处置子公司及其他经营单位收到的现金净额		
收到的其他与投资活动有关的现金		
现金流入小计		
购建固定资产、无形资产和其他长期资产所支付的现金		
取得子公司及其他经营单位支付的现金净额		
投资所支付的现金		
支付的其他与投资活动有关的现金		
现金流出小计		
投资活动产生的现金流量净额		
三、筹资活动产生的现金流量：		
吸收投资所收到的现金		
借款所收到的现金		
收到的其他与筹资活动有关的现金		
现金流入小计		
偿还债务所支付的现金		
分配股利、利润或偿付利息所支付的现金		
支付的其他与筹资活动有关的现金		
现金流出小计		
筹资活动产生的现金流量净额		
四、汇率变动对现金的影响		
五、现金及现金等价物净增加额		

企业负责人： 主管会计： 制表： 报出日期： 年 月 日

现金流量表补充资料

会企03表(续)

补充资料	本期金额	上期金额
1.将净利润调节为经营活动现金流量:		
净利润		
加:资产减值准备		
固定资产折旧、油气资产折耗、生产性生物资产折旧		
无形资产摊销		
长期待摊费用摊销		
处置固定资产、无形资产和其他长期资产的损失(收益以"—"号填列)		
固定资产报废损失(收益以"—"号填列)		
公允价值变动损失(收益以"—"号填列)		
财务费用		
投资损失(收益以"—"号填列)		
递延所得税资产减少(增加以"—"填列)		
递延所得税负债增加(减少以"—"号填列)		
存货的减少(增加以"—"填列)		
经营性应收项目的减少(增加以"—"号填列)		
经营性应付项目的增加(减少以"—"填列)		
其他		
经营活动产生的现金流量净额		
2.不涉及现金收支的投资和筹资活动:		
债务转为资本		
一年内到期的可转换公司债券		
融资租入固定资产		
3.现金及现金等价物净增加情况:		
现金的期末余额		
减:现金的期初余额		
加:现金等价物的期末余额		
减:现金等价物的期初余额		
现金及现金等价物净增加额		

企业负责人: 主管会计: 制表: 报出日期: 年 月 日

31. 增值税纳税申报表及附表 3 张

增值税纳税申报表

（适用于增值税一般纳税人）

根据《中华人民共和国增值税暂行条例》第二十二条和每二十三条的规定制定本表。纳税人不论有无销售额，均应该按主管税务机关核定的纳税期填报本表，并于次月一日起十日内，向当地税务机关申报。

税款所属时间：　　　　至　　　　填表日期：　　　　金额单位：元至角分

纳税人识别号				所属行业			
纳税人名称		法人代表姓名		注册地址	南宁市	经营地址	
开户银行及账号		企业登记注册类型				电话号码	

项目		栏次	一般货物及劳务		即征即退货物及劳务	
			本月数	本年累计	本月数	本年累计
销售额	(一)按适用税率征税货物及劳务销害额	1				
	其中:应税货物销售额	2				
	应税劳务销售额	3				
	纳税检查调整的销售额	4				
	(二)按简易征收办法征税 货物销售额	5				
	其中:纳税检查调整的销售额	6				
	(三)免、抵、退办法出口货物销售额	7				
	(四)免税货物及劳务销售额	8				
	其中:免税货物销售额	9				
	免税劳务销售额	10				

续上表

项目		栏次	一般货物及劳务		即征即退货物及劳务	
			本月数	本年累计	本月数	本年累计
税款计算	销项税额	11				
	进项税额	12				
	上期留抵税额	13				
	进项税额转出	14				
	免抵退货物应退税额	15				
	按适用税率计算的纳税检查应补缴税额	16				
	应抵扣税额合计	17=12+13-14-15+16				
	实际抵扣税额	18(如17<11,则为17,否则为11=				
	应纳税额	19=11-18				
	期末留抵税额	20=17-18				
	简易征收办法计算的应纳税额	21				
	按很简易征收办法计算的纳税检查应补缴税额	22				
	应纳税额减征额	23				
	应纳税额合计	24=19+21-23				
税款缴纳	期初未缴税额(多缴为负数)	25				
	实收出口开具专用缴款书退税额	26				

续上表

项目		栏次	一般货物及劳务		即征即退货物及劳务	
			本月数	本年累计	本月数	本年累计
	本期已缴税额	27＝28－29＋30＋31				
	①分次预缴税额	28				
	②出口开具专用缴款书预缴税额	29				
	③本期缴纳上期应纳税额	30				
	④本期缴纳欠缴税额	31				
	期末未缴税额(多缴为负数)	32＝24＋25＋26－27				
	其中:欠缴税额(≥0)	33＝25＋26－27				
	本期应补(退)税额	34＝24－28－29				
	即征即退实际退税额	35				
	期初未缴查补税额	36				
	本期入库查补税额	37				
	期末未缴查补税额	38＝16＋22＋36－37				
授权声明	如果你已委托代理人申报,请填写下列资料: 为代理一切税务事宜,现授权 (地址) 为本纳税人的代理申报人,任何与本申报表有关的往来文件,都可寄予此人。 授权人签字:		申报人声明	此纳税申报表是根据《中华人民共和国增值税暂行条例》的规定填报的,我相信它是真实的、可靠的、完整的。 声明人签字:		

以下由税务机关填写:

收到日期: 接收人: 主管税务机关盖章:

增值税纳税申报表附列资料(表一)

(本期销售情况明细)

纳税人名称:(公章)　　税款所属时间:　　金额单位:　　元至角分

一、按适用税率征收增值税货物及劳务的销售额和销项税额明细

项目	栏次	应税货物						应税劳务			小计		
		17% 税率			13% 税率								
		份数	销售额	销项税额	份数	销售额	销项税额	份数	销售额	销项税额	份数	销售额	销项税额
防伪税控系统开具的增值税专用发票	1												
非防伪税控系统开具的增值税专用发票	2												
开具普通发票	3												
未开具发票	4												
小计	5=1+2+3+4												
纳税检查调整	6												
合计	7=5+6												

二、简易征收办法征收增值税货物的销售额和应纳税额明细

项目	栏次	17% 税率			4% 税率			小计		
		份数	销售额	应纳税额	份数	销售额	应纳税额	份数	销售额	应纳税额
防伪税控系统开具的增值税专用发票	8									
非防伪税控系统开具的增值税专用发票	9									
开具普通发票	10									
未开具发票	11									
小计	12=8+9+10+11									
纳税检查调整	13									
合计	14=12+13									

三、免征增值税货物及劳务销售额明细

项目	栏次	免税货物			免税劳务			小计		
		份数	销售额	税额	份数	销售额	税额	份数	销售额	税额
防伪税控系统开具的增值税专用发票	15									
开具普通发票	16									
未开具发票	17									
合计	18=15+15+17									

增值税纳税申报表附列资料(表二)

(本期进项税额明细)

纳税人名称:(公章)　　税款所属时间:　　填表日期:　　金额单位:元至角分

一、申报抵扣的进项税额				
项　目	栏　次	份　数	金　额	税　额
(一)认证相符的防伪税控增值税专用发票	1	14		
其中:本期认证相符且本期申报抵扣	2	14		
前期认证相符且本期申报抵扣	3			
(二)非防伪税控增值税专用发票及其他扣税凭证	4			
其中:海关完税凭证	5			
农产品收购凭证及普通发票	6			
废旧物资普通发票	7			
货物运输发票	8			
6%征收率	9			
4% 征收率	10			
(三)期初已征税款	11			
当期申报抵扣进项税额合计	12			

二、进项税额转出额		
项　目	栏　次	税　额
本期进项税转出额	13	
其中:免税货物用	14	
非应税项目用	15	
非正常损失	16	
按简易征收办法征税货物用	17	
免抵退税办法出口货物不得抵扣进项税额	18	
纳税检查调减进项税额	19	
未经认证已抵扣的进项税额	20	
	21	

三、待抵扣进项税额				
项　目	栏　次	份　数	金　额	税　额
(一)认证相符的防伪税控增值税专用发票	22			
期初已认证相符但未申报抵扣	23			
本期认证相符且本期未申报抵扣	24			
期末已认证相符但未申报抵扣	25			
其中:按照税法规定不允许抵扣	26			
(二)非防伪税控增值税专用发票及其他扣税凭证	27			
其中:海关完税凭证	28			

续上表

三、待抵扣进项税额				
农产品收购凭证及普通发票	29			
废旧物资普通发票	30			
货物运输发票	31			
6% 征收率	32			
4% 征收率	33			
	34			
四、其　他				
项　目	栏　次	份　数	金　额	税　额
本期认证相符的全部防伪税控增值税专用发票	35			
期初已征税款挂账额	36			
期初已征税款余额	37			
代扣代缴税额	38			

注：第1栏＝第2栏＋第3栏＝第23栏＋第35栏－第25栏；第2栏＝第35栏－第24栏；第3栏＝第23栏＋第24栏－第25栏；第4栏等于第5栏至第10栏之和；第12栏＝第1栏＋第4栏＋第11栏；第13栏等于第14栏至第21栏之和；第27栏等于第28栏至第34栏之和。

32. 企业所得税预缴纳税申报表1张

企业所得税预缴纳税申报表

税款所属期间　　　　年　月　日至　年　月　日

纳税人识别号：　　　　　　　　　　　　　　金额单位：元(列至角分)

纳税人名称	宏远机械设备公司	
项　目	行　次	累计金额
实行据实预缴的纳税人填列以下第1—11行：		
利润总额	1	
加：纳税调整增加额	2	
减：纳税调整减少额	3	
减：弥补以前年度亏损	4	
应纳税所得额(1＋2－3－4)	5	
适用税率	6	
应纳所得税额(5×6)	7	
减免所得税额	8	
汇总纳税成员企业就地预缴比例	9	
实际已预缴的所得税额	10	

续上表

应补(退)的所得税额[(7－8－10)或(7－8)×9－10]	11	
实行按上年实际数分期预缴的纳税人填列以下第12—14行:		
上一年度实际缴纳的企业所得税额	12	
本季(月)应预缴所得税额(12行÷4或12行÷12)	13	
本年实际已预缴的所得税额	14	
纳税人公章: 经办人: 申报日期: 年 月 日	代理申报中介机构公章: 经办人执业证件号码: 代理申报日期:年 月 日	主管税务机关受理专用章: 受理人: 受理日期:年 月 日

《企业所得税预缴纳税申报表》填报说明

一、本表适用于查账征收企业所得税的纳税人在季度(月)预缴企业所得税时使用。

二、实行据实预缴的纳税人填报第1至11行;实行按上年实际数分期预缴的纳税人填报第12至14行。

三、具体项目填报说明

1. 第1行"利润总额":填报按财务会计制度核算的利润总额。

2. 第2、3行:填报按照税收规定应做纳税调整的项目。从事房地产开发业务纳税人的"利润总额"应包括本期取得的预售收入计算的预计利润;在将预售收入结转为销售收入的当期,减去已计算缴纳企业所得税的原预售收入计算的预计利润。

3. 第4行"减:弥补以前年度亏损":填报按税收规定本期可弥补的以前年度尚未弥补的亏损额(用正数表示,不得大于第1＋2－3行后的金额)。

4. 第5行"应纳税所得额"填报第1＋2－3－4行后的余额,第5行不得为负数,若第1＋2－3－4行为负数,则第5行应填零。

5. 第6行"适用税率":填报纳税人当期应纳税所得额按规定适用的企业所得税法定税率,即只能是33%、27%、18%,不得填15%、10%等优惠税率。

6. 第7行"应纳所得税额":等于应纳税所得额×适用税率。第7行大于等于零。

7. 第8行"减免所得税额":填报纳税人经批准或备案减、免、抵的企业所得税额,当第5行为零时,填写零;第8行小于等于第7行。

8. 第9行"汇总纳税成员企业就地预缴比例":填报根据有关税收规定确定的汇总纳税成员企业所得税就地预缴比例。不实行就地预缴的纳税人填写0。

9. 第10行"实际已预缴的所得税额":填报纳税人申报所属期前累计已预缴的企业所得税税额。

10. 第11行"应补(退)所得税额":

(1)就地纳税企业"应补(退)所得税额"＝第7－8－10行。

(2)汇总纳税成员企业"应补(退)所得税额"＝(第7－8行)×9行－10行。

33. 地方税申报表 1 张

地方税（费）综合申报

申报日期：　年　月　日　　　税款所归期：　年　月　日

正常申报□　自查申报□　被查申报□

单位：人民币　元(列至角、分)、吨、m^2、辆、件、本

纳税人微机代码					
纳税人税务登记证件号					
纳税人名称【盖章】		经济类型		纳税人注册地址	
开户银行名称		银行帐号		联系电话	

税种	税款所属期（年月日）	应纳税项目	计税依据（数量或金额）	税（费）率或单位税额	当期应纳税（费）额	批准减免税		已预缴税额	应纳税额	批准延期缴纳税额	累计欠税余额	备注
						项目	金额					
栏次	1	2		3	5=3×4	6	7	8	9=5−7−8	10	11	12
合计	（大写）　仟　佰　拾　万　仟　佰　拾　元　角　分									¥		

纳税人声明	授权人声明	代理人声明
我单位(个人)所申报的各种税（费）款真实、准确、完整。如有虚假内容愿承担法律责任。 办税员： 法定代表人(负责人)：　(公章) 年　月　日	现委托______为我单位纳税申报代理人。 委托合同号码： 授权人(法定代表人)： 年　月　日	本纳税申报市按照国家税法和税务机关规定填报的，我确信其真实、合法。 代理人： 代理机构(公章) 年　月　日

告知事项

1. 本表适用于纳税人申报除查账征收纳税人的企业所得税、个人所得税、土地增值税和个体“双定”户以外的各种地方税的纳税申报。
2. 税人未按规定的期限办理纳税申报和报送纳税资料的，税务机关将按《中华人民共和国税收征收管理法》第六十二条规定，由税务机关责令限期改正，可以处二千元以下的罚款；情节严重的，可以处二千元以上一万元以下的罚款。
3. 税务代理人违反税收法律、行政法规、造成纳税人未缴或少缴税款的，税务机关《中华人民共和国税收征收管理法实施细则》第九十八条规定，除由纳税人缴纳或者补缴应纳税款、滞纳金外，对税务代理人处纳人未缴或少缴税款 50%以上 3 倍以下的罚款。
4. 纳税人未按照规定期限缴纳税款的，扣缴义务人未按照规定期限解缴税款的，税务机关将按《中华人民共和国税收征收管理法》第三十二条规定：税务机关除责令限期缴纳外，从滞纳税款之日起，按日加收滞纳税款万分之五的滞纳金。
5. 本表一式三份，呈报税务机关，经审核后退回纳税人一份，税务机关留存两份。

五、银行对账单

1. 工商银行2007年12月对账单

中国工商银行客户存款对账单

网点号：
币种：人民币（本位币）
单位：元
账号：9356789456　　户名：宏远机械设备公司　　上月余额：685 611.60

2007年		凭证类别、凭证号（略）	对方户名	摘要	借方发生额	贷方发生额	余额
月	日						
12	3		提现	2 000.00			683611.60
	3		翔达贸易公司	转账	81 900.00		601 711.60
	4		湖南中南农机公司	收款		625 623.00	1 227 334.60
	4		广西桂兴运输公司	转账	6 000.00		1 221 334.60
	5		南宁机床维修公司	转账	5 000.00		1 216 334.60
	5			提现	3 000.00		1 213 334.60
	6		兴桂农机公司	收款		452 000.00	1 665 334.60
	6		南宁南风化工厂	转账	83 070.00		1 582 264.60
	6		南宁市环保局	转账	2 500.00		1 579 764.60
	6		广西顺达贸易公司	转账	210 600.00		1 369 164.60
	7		南宁市邮政局明秀分局	转账	3 546.00		1 365 618.60
	10		广东三元公司	托收		514 500.00	1 880 118.60
	10		上海米其轮胎设备公司	电汇	707 000.00		1 173 118.60
	10		税务局	缴税	50 863.00		1 122 255.60
	10		南方早报广告部	转账	15 000.00		1 107 255.60
	10		长发物资贸易公司	收款		130 000.00	1 237 255.60
	11		南宁市沙田农场	收款		30 000.00	1 267 255.60
	11		长沙华益机电有限公司	托收	75 910.00		1 191 345.60
	12			提现	3 000.00		1 188 345.60
	13		广西桂兴运输公司	转账	6 000.00		1 182 345.60
	14		南宁市蓝天装饰公司	转账	5 000.00		1 177 345.60
	14		太平洋保险广西分公司	转账	4 230.00		1 173 115.60
	14		工资户	转账	253 831.00		919 284.60

续上表

2007年		凭证类别、凭证号(略)	对方户名	摘要	借方发生额	贷方发生额	余额
月	日						
	14		南宁市社会保险基金管理所	转账	75 628.23		843 656.37
	14		南宁住房公积金管理中心	转账	26 078.70		817 577.67
	14		南宁市总工会	缴款	5 215.74		812 361.93
	17		南宁市科园废品回收公司	收款		3 000.00	815 361.93
	17		广西南宁市厢竹交通征稽所	托收	2 400.00		812 961.93
	18		湖南乐山钢铁厂	电汇	300 000.00		512 961.93
	18			提现	3 000.00		509 961.93
	18		湖北湖州机电公司	电汇	238 000.00		271 961.93
	19		湘江农机公司货款	汇票		666 700.00	938 661.93
	20		中国平安保险广西分公司	转账	6 000.00		932 661.93
	21		开户行	付利息	68 456.50		864 205.43
	21		开户行	收利息		5 877.30	870 082.73
	21		柳州钢铁公司	电汇	340 000.00		530 082.73
	21		南宁方园电信局	托收	10 833.00		519 249.73
	21		桂阳农机公司	收款		412 800.00	932 049.73
	21		南宁市东盛五金公司	转账	81 432.00		850 617.73
	21		南宁市环保局	托收	10 000.00		840 617.73
	24		南宁市供电局	托收	26 569.87		814 047.86
	24		南宁市陈村供水有限公司	托收	12 085.20		801 962.66
	24			提现	2 000.00		799 962.66
	24		南宁市长远物资公司	收款		258 301.00	1 058 263.66
	24		南宁市万达五金公司	转账	113 478.30		944 785.36
	24		明远农机公司货款	收款		73 450.00	1 018 235.36
	25		易通贸易公司货款	转账	460 000.00		558 235.36
	25		聚贤楼饭店	转账	11 556.00		546 679.36
	26		开户行	手续费	265.30		546 414.06
	27		南宁桂达五金厂	转账	2 141.00		544 273.06
	27			提现	3 000.00		541 273.06
	28		中国人保南宁分公司	收款		10 000.00	551 273.06
	30		安扬农机贸易有限公司	收款		820 800.00	1 372 073.06

结止:2007年12月31日　　账户余额1 372 073.06

2. 中国交通银行2007年12月对账单

中国交通银行单位存款对账单

网点号：

币种：人民币(本位币)

单位：元

账号：6342896543　　户名：宏远机械设备公司　　上月余额：476 789.60

2007年		凭证类别、凭证号(略)	对方户名	摘要	借方	贷方	余额
月	日						
12	7		桂林立远五金公司	电汇	156 000.00		320 789.60
	11		开户行	贷款		1 000 000.00	1 320 789.60
	12		威海松宇机电有限公司	汇票	1 000 000.00		320 789.60
	17		钦州物资公司	收款		485 600.00	806 389.60
	17		汉江有色金属公司	电汇	450 000.00		356 389.60
	17		翔云农机公司货款	收款		500 000.00	856 389.60
	18		开户行	还贷	518 750.00		337 639.60
	18		威海松宇机电有限公司	汇票		47 225.00	384 864.60
	21		开户行	付利息	35 604.50		349 260.10
	21		开户行	收利息		2 876.35	352 136.45
	26		开户行	手续费	87.00		352 049.45

结止2007年12月31日　　账户余额：352 049.45

六、实验用材料(外购或自印)

1. 记账凭证	200页
2. 凭证封面	3套
3. 账簿启用与交接表	3套
4. 三栏式日记账	6页
5. 三栏式总账	60页
6. 三栏式明细账	120页
7. 数量金额式明细账	10页
8. 生产成本明细账	4页
9. 多栏式明细账	16页
10. 材料采购明细账	6页
11. 材料成本差异明细账	6页
12. 应交税费——应交增值税明细账	4页
13. 收料单	30套
14. 领料单	50套
15. 资产负债表	1份
16. 利润表	1份
17. 现金流量表	1份
18. 报表封面	1套